STERNSTUNDEN

Zu Gast bei den besten Köchen Europas

Günter Ned

STERNSTUNDEN

Zu Gast bei den besten Köchen Europas

KLOCKE VERLAG

Seit fünfzehn Jahren beschäftigen wir uns jetzt mit der gehobenen Gastronomie. In dieser Zeit haben unzählige Restaurantbesuche unseren Alltag bestimmt. Die meisten davon haben uns genußvolle Abende beschert, andere wiederum waren reine Pflichtaufgaben, einige wenige werden uns für immer unvergeßlich bleiben.

Auch privat hat die Sternegastronomie unser Leben geprägt: Wir hatten uns vor zwanzig Jahren im Urlaub kennengelernt, dann aus den Augen verloren und nach sieben Jahren wiedergetroffen. Um diesen Anlaß zu feiern, gingen wir mehr „versehentlich" ins Kölner Chez Alex, wo wir zwar einen nahezu ruinösen, aber einzigartigen Abend erlebten, an dem Madame Silberstein und Maître Johannes Kokje in einem Ambiente, das an das Paris der Belle Epoque erinnerte, die ganze Kunst der Grande Cuisine zelebrierten. An diesem Abend wurde der Grundstein für unser privates Glück gelegt, und Madame hat uns im Nachhinein auch verziehen, daß die kleinen Kunstwerke auf dem Teller für uns nicht die Hauptsache waren, denn die Maxime der Herdkünstler ist nun einmal, Gerichte zu kreieren, die der Erinnerung verschrieben bleiben.

Eine solche Sternstunde erlebten wir das erste Mal bei Jean-Claude und Janine Bourgueil. Der Besuch war spontan, man befand sich Ende Februar 1989 noch in der Wiedereröffnungsphase nach dem großen Brand des Schiffchens, als wir neben vielen anderen kulinarischen Highlights eine pochierte Bresse-Poularde in Périgord-Duft kosten durften. Allein der Gedanke weckt die Erinnerung, die sowohl den Geschmacks- als auch den

Geruchssinn betörte. Ebenfalls unvergeßlich ist der Coq au vin geblieben, mit dem uns Monsieur Bourgueil anläßlich einer Einladung in seiner privaten Küche verwöhnte. Ein Highlight war zweifellos unser erster Besuch im Louis XV in Monaco. Wir hatten schon viel über die unprätentiöse 3-Sterne-Küche von Alain Ducasse gehört, aber wenn man in diesem vor Luxus und Pracht schier überbordenden Restaurant sitzt und dann ein scheinbar ganz einfaches Gericht wie „Gemüse aus dem Garten der Provence mit schwarzen Trüffel, zubereitet mit Olivenöl und Balsamico" serviert bekommt, muß man erst einmal lernen und verstehen, welche Kunstfertigkeit und Virtuosität im Spiel der Aromen erforderlich ist, um aus einfachen Produkten unvergleichliche Genüsse zu komponieren. Eine weitere Sternstunde war der Besuch von Eckart Witzigmann in Sóller, wo er für ein Fotoshooting ein Tapas-Menü für uns kreiert hatte. Als die Bilder geschossen waren, genossen wir gemeinsam die Köstlichkeiten auf der Terrasse: gefüllte Artischockenböden mit Tomatenrisotto, Rote Bete gefüllt mit Meerrettichmousse, Auberginen mit Käse und Jabugoschinken gebacken, Fleischpflanzerl auf Wirsinggemüse und und und. An solchen Momenten wünscht man sich, die Zeit bliebe stehen, denn man weiß genau, daß dieses Erlebnis einzigartig und nicht wiederholbar ist, da es durch Spontanität geboren wurde.

Unser Buch ist eine Hommage an die großen Cuisiniers, die wie alle begnadeten Künstler ihre ganze Schaffenskraft, unermüdlichen persönlichen Einsatz und ein bis zur Besessenheit gehendes Streben nach Perfektion dafür einsetzen, den Liebhabern ihrer Kunst unvergeßliche Momente zu ermöglichen.

Thomas und Martina Klocke
HERAUSGEBER

MADE
18 % Vol.
LES CAVES DE LA TOUR
PARIS

Wann haben wir das Gefühl: Jetzt schlägt uns eine Sternstunde? Bei einem schicksalhaften Ereignis für die Menschheit? Wenn eine Liebe gelingt? An einem Abend in der Mailänder Scala? Momente, in denen wir ein Kunstwerk genießen, zählen, denke ich, ganz sicher zu so glücklichen Einschnitten. Plötzlich trifft uns ein Strahl aus einer anderen Welt, und wir vergessen die Zeit. Gibt es aber eine Kunst, die sich intimer in unser Alltagsbedürfnis schleicht als die Artistik großer Köche? Diese Genies verwandeln die Not der Menschen, essen und trinken zu müssen, in Augenblicke höchster Kultur. Sie nehmen eine Rotbarbe, einige Langustinen, etwas Algen, eine Artischocke und komponieren daraus einen oft unvergeßlichen sinnlichen Genuß, jeder in seiner persönlichen Handschrift, alle getrieben von ihren Inspirationen, ihrem Perfektionismus. In Europa werfen besondere Sterne ihr Licht auf das Können dieser Spitzen-Cuisiniers: die ein, zwei oder drei „Macarons“, mit denen der Guide Michelin die Crème de la crème auszeichnet. (Weil er graphisch einer Makrone gleicht, nennt man in Frankreich den Michelin-Stern auch gerne „Macaron“). Machen Sie sich mit uns auf! Begleiten Sie uns zu den Wirkungsstätten begnadeter Köche in Frankreich, Italien, Spanien, der Schweiz, England und Deutschland! Erleben wir Sternstunden ihrer sinnenfreudigen Kunst!

Günter Ned
AUTOR

STERNSTUNDEN

Zu Gast bei den besten Köchen Europas

Klocke Verlag GmbH
Höfeweg 62 a, 33619 Bielefeld, Telefon: 05 21 / 9 11 11-0, Telefax: 05 21 / 10 96 96

1. Auflage 1999

Titel „Sternstunden" mit freundlicher Genehmigung des Bayerischen Rundfunks.

Fotos:
Ydo Sol, Klaus Lorke, Ulrich Helweg,

Text:
Günter Ned

Grafische Gestaltung:
Sabina Winkelnkemper

Lithographie:
Klocke Medienservice Holger Schönfeld, Werner Busch

Produktion: Claudia Schwarz

Vertrieb: Stephan Klocke

Druck: Graphischer Betrieb
Ernst Gieseking GmbH, Bielefeld

Gedruckt auf Profimago

Printed in Germany

ISBN 3-9804698-4-0

INHALTSVERZEICHNIS

ALAIN DUCASSE

Alain Ducasse ist der einzige Sechssternekoch der Welt, der erste in der Geschichte des Guide Michelin. Drei Etoiles zeichnen sein Restaurant Louis XV in Monte Carlo aus, weitere drei das Alain Ducasse in Paris. Was bedeutet die herausgehobene Stellung für ihn? „Eine Befriedigung. Aber auch eine Herausforderung. Warum nur sechs Sterne? Warum nicht neun?“

Die Überschreitung des Optimalen scheint im Wesen dieses französischen Cuisiniers zu liegen. Für ihn selbst ist sie das Wesen seiner Kunst. „Es ist ein Paradox“, schrieb er einmal auf der Titelseite von Le Monde, „die Rolle des Kochs beginnt dort, wo das Werk der Natur endet. Alles, was ihm bleibt, ist, etwas sehr gut zu machen, was bereits sehr schön ist.“ Mit anderen Worten: Er hat die Aufgabe, etwas Vollkommenes in etwas Vollkommenes zu verwandeln. Wie löst er dieses Paradox? Was leitet ihn? In erster Linie die Liebe zur Natur als Lieferantin kostbarer Grundstoffe.

Es ist bekannt: Die Küche der Besten blüht heute ausschließlich mit dem besten Produkt. Spitzencuisiniers haben sich zum Ziel gesetzt, nicht ihr Können als Köche, sondern die Ingredienz mit ihrer natürlichen Eigenart zum Star des kulinarischen Ereignisses zu machen. Es gibt unter diesen Köchen niemanden, der seine technische Brillanz rigoroser hinter dem Gericht verbirgt als Alain Ducasse, und es gibt niemanden, der über die Priorität des Eigengeschmacks brillanter philosophiert, in Worten und in Werken, als er.

Seine Kindheit und der Sternekoch Alain Chapel lehrten ihn die Liebe zur Schöpferin Natur, die Begeisterung für ihre Großzügigkeit, für ihre Qualität. Die Eltern zogen auf ihrem Hof in Castelsarrazin Hühner auf, stopften Enten und Gänse für Foie gras, recht typisch für die Landes, die fruchtbare Landschaft im Südwesten Frankreichs. Der Sonntagsbraten bestand oft aus Hühnchen, die, mit schwarzen Trüffelscheiben unter der Haut, am vertikalen Spieß grillten. Raffiniert ihr Innenleben: Die Füllung stieg in Schichten auf, von knusprigen Brotkanten ganz unten über Hühnerleber, die man mit frischen Kräutern vermischte, über gebratene Speckstreifen bis zur obersten Schicht aus gewürfelter, frisch angebratener Gänseleber, und „während das Geflügel goldene Farbe annimmt, gibt die Gänseleber einen Teil ihres schmackhaften Fetts ab, das alle Bestandteile

Die ersten drei Sterne bekam Alain Ducasse für das Louis XV in Monte Carlo.

Das Restaurant XV: fürstliche P... für eine berü... mediterrane Kü...

Hôtel de Paris, das Grandhotel am Casinoplatz von Monte Carlo. Die Terrasse rechts neben dem Entree gehört zum Louis XV. Rechts oben: Herr über einen Service von Weltformat: Maître d'Hôtel Georges Gerini.

Vor dem Einlaß: Die makellos gebügelten Decken werden auf dem Tisch noch einmal geglättet.

der Füllung anreichert, zuletzt die kleinen Brotrinden, die davon zart werden wie Fleischkroketten." So erzählt es Marianne Comolli im ersten Buch, das der berühmte Sohn des Landes veröffentlichte: „Die Riviera des Alain Ducasse" (Verlag Albin Michel, 1992). Im Mai 1999 erschien übrigens sein achtes Buch.

Alain Chapel, der früh verstorbene Meister von Mionnay, vermittelte seinem Commis Ducasse eine Erkenntnis: „Kochen ist keine Kunstfertigkeit, die darin besteht, ein Erzeugnis so weit zu verkleiden, daß es kaum noch zu erkennen ist, sondern eine Kunst mit dem Ziel, das Wesen des Produkts zu betonen."

Womit wir zurück beim Paradox der Köche wären. Die Pilze, die ein passionierter Züchter bringt, die Seezunge, die von einem Fischer geangelt wurde, der nachts in seinem kleinen Boot zu den besten Fanggründen hinausgefahren war, sie sind schöne, vollkommene Schöpfungen der Natur. Aber diese wunderschönen Naturprodukte sind noch nicht gut für den Menschen, noch nicht vollkommen für alle seine Sinne. Er muß ihre kostbare Eigenart, ihre verborgenen Aromen und Konsistenzen, ihren unverwechselbaren Geschmack erst kosten können. Den Geschöpfen fehlt der Genuß des Menschen, und was wäre vollkommen, dem etwas fehlt?

Ein großer Koch ist nun ein Meister darin, diese Kostbarkeit für den Menschen in den Früchten der Natur hervorzubringen. Er verhilft ihnen mit seiner Kunst dazu, vom schönen Naturgeschöpf zum vollendeten menschlichen Genuß zu werden. Mit ihm steigen sie von ihrer natürlichen Vollkommenheit zu jener Vollkommenheit auf, die nur die Kunst einem Gegenstand geben kann.

Der Koch wendet dabei im Prinzip zwei Methoden an. Alain Ducasse zur ersten: „Eine Tomate sollte wie eine Tomate schmecken, eine Erdbeere sollte reif sein, Geflügel sollte vom Bauernhof kommen, und Fleisch muß Geschmack haben. Ich glaube, es ist wirklich wichtig, diese originalen Aromen zu bewahren, all die natürlichen Elemente, die ein Gericht begründen. Nur, um sie in ihrer ganzen Wahrheit zu enthüllen, muß man oft sehr komplizierte und präzise Techniken anwenden. Das ist eine unserer professionellen Schwierigkeiten."

Delikatessen au
Louis XV. Links:
Tarte von Bigar
Kirschen, we
Pistazi
Rechts: zarte Gr
von geron
Milch, im P
gekochte Stück
Hummer, Raspe
Blüten von Zu
aus N

Eine Schöpfung aus dem Alain Ducasse in Paris, Hummer mit Steinpilzen.

Koch- und Küchentechnik also auf dem modernsten Stand, ausgeklügelte Kunstgriffe, bei Gelegenheit vielleicht ein elektronisches Thermometer, das in der Tiefe einer Geflügelbrust die ideale Garhitze ermittelt, die Anwendung solcher handwerklichen Kniffe enthüllt am Ende die wahre, im buchstäblichen Sinn kostbare Eigenart eines Produkts. Jetzt wandelt sich das Naturerzeugnis zum Kochkunstwerk. Es wächst über sich hinaus. Ducasse liebt es, diese Transformation für den Gast transparent zu machen. Er stellt gerne Rohes und Gekochtes einander im Gericht gegenüber, die dünne Scheibe eines rohen Artischockenherzens in Vinaigrette etwa und eine andere, die in Olivenöl gebräunt ist.

Soweit die erste Methode, mit der ein Alain Ducasse sein Paradox löst. Das Produkt springt von der Schönheit zum Genuß, es steigt von einer Vollkommenheit zur anderen auf. Dabei enthüllt sich sein wahrer Geschmack. Die erste Methode funktioniert also vertikal.

Anders die zweite. Sie arbeitet in der Horizontalen. Ihr Zweck ist der gleiche. Sie will die Aromen des Produkts offenlegen. Aber ihr Weg ist eigen und bringt eigene Ergebnisse. Mit der zweiten Methode erlöst der Cuisinier das Produkt aus seiner Einsamkeit. Er vereinigt es mit anderen. Er arrangiert seiner Ingredienz ein Rendezvous. Den Kreis der Partner hält er dabei eng. Alain Ducasse: „Der Respekt vor dem wahren Geschmack der Dinge bringt mich oft dazu, ganz einfache Gerichte zu erfinden. Sie erhalten dann vielleicht nicht mehr als zwei Ingredienzien, gesteigert von einem einzigen aromatischen Element, und die Würzung beschränkt sich oft auf ein paar Körner Salz.“ Ein Beispiel aus dem Restaurant Louis XV: Das Fleisch von Jakobsmuscheln wird auf halber Höhe eingeschnitten, in die Schlitze steckt man dünne Scheiben der weißen Alba-Trüffel. So gefüllt kommen die Muscheln auf den Grill, bis sie im Herzen noch perlmuttartig sind. „Diese wohlschmeckende Heirat läßt sich am besten auf einem Mesclun-Salat auskosten, der mit Olivenöl und Sherry-Essig abgeschmeckt und mit einem Tropfen Aceto Balsamico abgemildert ist. Eine Garnitur aus Parmesanflocken unterstreicht die Affinitäten der weißen Trüffel mit dem ‚Reggiano‘, an dessen Aroma sie erinnert.“

Methode zwei sorgt also, eine Kupplerin par excellence, dafür, daß Muschel und Trüffel nicht separiert, sondern gemeinsam garen. Ihre Erhitzung ist zugleich eine Vermählung, ein heißes Verschmelzen des aufgeschnittenen Muschelfleisches mit der eingeführten Trüffelscheibe, und genau dadurch wird ein neuer geschmacklicher Hochsprung möglich: Gewürzt vom aufregenden Parfum der weißen Alba-Trüffel erlebt die, für sich leicht nussige, Mu-

*Der Guide Mic
zeichnete das Re
rant Alain Ducas
der Avenue Raym
Poincaré, 16. Pa
Arrondissem
ebenfalls mit
Sternen aus.
Speiseräume lie
in der Béletage.
das Kaminzim*

schel einen aromatischen Höhepunkt, zu dem sie, allein gegart, nie gekommen wäre, und umgekehrt. Das an sich schon betörende Aroma der schmelzenden Trüffelscheibe konnte alleine nie so bedeutungsvoll werden wie in der Muschel. In der Umarmung verwirklichen die Partner überraschende Potenzen ihres Eigengeschmacks. Muschel und Trüffel lassen eine Vielfalt wahrer, bislang unenthüllter Aromen schillern.

Das Optimale wird dabei gleich zweimal überschritten, denn Methode eins und Methode zwei kommen gleichzeitig zur Anwendung. Wenn Alain Ducasse also seine „Saint-Jacques grillées en salade d'Automne aux tartuffi d'Alba et Copeaux de parmesan" vom Paß schickt, dann hat er das Paradox des Kochs, seine Aufgabe, „etwas sehr gut zu machen, was bereits sehr schön ist", doppelt gelöst.

Wozu der Ausflug in die Küchenphilosophie? Um eine Erklärung für das Phänomen Alain Ducasse zu bieten. Denn Alain Ducasse hat den Kochlöffel abgegeben, er kocht nicht mehr – zumindest nicht selbst. „Ich gebe das Tempo an, die Energie, die Inspiration." Derart gepuscht und inszeniert, zaubern seine Chefs in den Küchen vor Ort (Könner allesamt, von Ducasse trainiert und gefördert) Genüsse, als kämen sie aus der Hand des Meisters. Die romantische Meinung, ein großer Koch könne ein Restaurant nur solange mit seiner Handschrift prägen, wie er persönlich am Herd steht, erweist sich nebenbei als Vorurteil.

Aber womit beschäftigt sich Ducasse jetzt? Ist er zufrieden, mit Magie die Handwerkskunst seiner Köche zu führen? Keineswegs, der Meister nützt seine Zeit intensiver. Aber wofür? Nach wie vor: für die Überschreitung des Optimalen. Hat ein Koch seine Kunst, Vollkommenes noch vollkommener zu machen, einmal zur Vollkommenheit gebracht, dann kann er, wenn er will, seine Perfektion am Herd in immer neuen Schöpfungen optimieren. Er kann aber auch denken, er habe an den Töpfen das Optimale erreicht, und Neues ins Auge fassen. Dafür muß er die Gourmandise ja nicht verlassen. Er kann zum Beispiel für den Auftritt seiner Kochkunst das vollkommene Theater schaffen: Er kann ein Restaurant erfinden. Damit erschließt er sich ein weites Betätigungsfeld, denn Kochkunst ist ja nicht einfach Kochkunst, sie hat immer eine Eigenart, einen persönlichen Stil. Wer sagt aber, daß ein Koch nur einen einzigen Stil beherrschen muß ? Ist nicht denkbar, daß einer mit vielen Stilen spielt, und daß es ihn lockt, für jeden seiner Stile das perfekte Restaurant, die ideale Bühne zu bauen? Genau dieser Leidenschaft frönt heute Alain Ducasse.

Die Techniken für die neue Passion muß er nicht erfinden, die beherrscht er bereits. Es sind die Methoden seiner Kochkunst. Ducasse löst heute auf anderen Ebenen die gleiche Aufgabe wie früher: „Etwas sehr gut zu machen,

*Die „Bibliothek
Restaurants
Ducasse. Die B
regale sind ge
ein gelung
Trompe*

Parkplatz kein Problem. Der Voiturier kümmert sich um die Karossen.

was bereits sehr schön ist.“ Heute wie damals erschließt er die Eigenart eines Grundprodukts auf zweifache Art. Er sorgt dafür, daß es über sich hinauswächst, und er kombiniert es mit anderen.

Ducasse eröffnete den Reigen seiner aktuellen Gourmet-Highlights 1987 mit dem Louis XV, dem Restaurant des Hôtel de Paris in Monte Carlo. Dem Cuisinier aus den Landes, der zuvor schon dem La Terrasse in Juan-les-Pins zwei Sterne erkocht hatte, bot sich im Hôtel de Paris eine Speisestätte voller Pracht und Eleganz. Ein Juwel im Versailles-Stil, gewirkt aus Gold und Licht. An der Decke glänzt ein Fresco von Félix Hippolyte Lucas, an den Wänden grüßen berühmte Mätressen, zu imposanten Medaillons gerahmt. Hohe Spiegel werfen den Blick zurück, hohe französische Fenster lenken ihn nach draußen auf den Platz des Casinos. Ein immenses Blumenbouquet betont das Zentrum der Ambiance. Ducasse griff zu, und seither feiert er diese Pracht mittags und abends mit raffiniertester Tischkultur und einem Service, der perfekter nicht auftreten könnte. Aber der Prunk war für den eigentlichen Clou nur Szenenbild. Entscheidend wurde, daß das Louis XV an einem der schönsten Flecken der Côte d'Azur liegt. Hier setzte Ducasse an. Er erhitzte das traumhaft Mediterrane des Ortes gleichsam mit sich selbst. Er potenzierte das Mittelmeer-Flair mit einer Mittelmeer-Cuisine, die man sich finessenreicher und vollkommener nicht wünschen kann, und sofort vollzog das Louis XV einen Qualitätssprung. Das fürstliche Juwel wurde zu einem Gourmet-Ereignis reinster mediterraner Eigenart. 33 Monate nach der Eröffnung vergab Michelin drei Sterne.

Reizvoll auf ganz andere Weise La Bastide de Moustiers. Moustiers-Sainte-Marie ist ein malerischer Ort in den Alpes de Haute-Provence. Hier entdeckte Alain Ducasse auf einer Motorradtour ein Landhaus aus dem 17. Jahrhundert, einst das Heim eines Töpfermeisters. Es war von Grund auf renovierungsbedürftig, doch der Starkoch aus Monte Carlo hatte sofort seine

Treffpunkt voll nobler Behaglichkeit: die Bar im Parterre.

Sinnvolle Paa
Alain Ducass
Restaurant A
Ducasse m
Statuette von F
Sie hat eine G
als Kopf und
„Der Der

Und jeder war natürlich gespannt, was der Sternekoch von der Côte d'Azur in Paris zu zeigen hatte. Wie würde der Meister mediterraner Hochküche vermeiden, sich zu wiederholen? Auch in Paris fand Ducasse ein schönes Produkt vor, ein Restaurant, das bereits vor ihm als das berühmteste Frankreichs galt. Der Chef hieß Joël Robuchon. Er war mit einundfünfzig Jahren auf dem Gipfel seiner Karriere abgetreten. Die Ambiance paßte zum Glamour der Capitale: ein herrschaftliches Stadthaus in der eleganten Avenue Raymond Poincaré, 1911 erbaut. Allein die kostbar skulpturierte Fassade von Camille Garnier weist das Bauwerk als Schmuckstück der Belle Epoque aus. Viele Interieurs sind denkmalgeschützt von der Jugendstiltreppe mit dem Geländer aus geschnitzten Pinienzapfen bis zu den drei historischen Speiseräumen in der Beletage, eingerichtet mit

Verträumter Platz im Restaurant der Bastide de Moustiers.

ursprüngliche Schönheit vor Augen. Er kaufte das Anwesen, gab die Restaurierung in Auftrag, und heute beschwören schon die Namen der Gästezimmer den Zauber Südfrankreichs. Sie heißen Lavendel, Mandelbaum oder Roter Moon. Handwerker aus dem Ort richteten sie nach der authentischen Eigenart der Gegend ein, und dann montierte Hausherr Ducasse die ländliche Herberge mit einer vollendeten Küche der Region auf. Seine Köche pflücken ihre Produkte aus den eigenen Blüten-, Kräuter- und Gemüsegärten. Was sie sonst noch brauchen, finden sie auf den Märkten der Umgebung. Sie schreiben für die Gäste pro Tag nur ein Menü, gegessen wird also, was die Küche auf den Tisch bringt, ganz so wie früher bei Familie Ducasse in den Landes – anders freilich die Atmosphäre: Mit der Bastide de Moustiers schuf Ducasse eine stilreine Verkörperung der Provence.

Einer von Ducasse' wich Männern vor Benoit Witz, Küc chef der Ba

Vorspeise aus einem Menü der Bastide: Tartelette mit Gemüse aus dem Garten und frischen Kräutern. Rechts die Käseplatte. Sie präsentiert Chèvre aus der Provence.

großbürgerlicher Eleganz im holländischen Stil, im Stil der Renaissance und im Stil von Louis XV. Wie also brachte Alain Ducasse dieses Metropolen-Produkt zu neuer kulinarischer Vollkommenheit?

Nun, er packte Paris an seiner Eigenart, an seiner exorbitantesten Eigenschaft. Er setzte auf die Capitale, auf Paris als Hauptstadt eines Landes, das der Schöpfer überreich mit fruchtbaren Landesteilen bedachte. Er lud das Restaurant Alain Ducasse mit einer Küche auf, in der all die Eigenarten dieser Regionen zusammenflossen und kulminierten; und jetzt speist man hier Geflügel aus den Landes, Pyrenäenlamm, Hummer von den Küsten der Bretagne. Man genießt all die schönen Produkte, die essentiell für die französische Küche sind, Trüffel und Stockfisch, Enten und Langusten, die Pfifferlinge vom Zentralmassiv und die Kartoffeln aus Noirmoutier. In Paris schält Ducasse nicht die pure Eigenart eines einzigen Stils heraus, hier spielt er mit allen Stilen, mit dem gesamten kulinarischen Spektrum seiner Heimat, souverän in den klassischen Zubereitungen wie in seinen ständig neu erfundenen Gerichten. Die Reaktion des Guide Michelin kam postwendend. Im August 1996 eröffnet, konnte sich das Alain Ducasse bereits acht Monate später ebenfalls mit drei Sternen schmücken.

Direktor Dominique Potier war früher Patissier, unter anderem im Louis XV. Heute leitet er die Bastide.

Damit war die Schöpferlust des Alain Ducasse nicht erschöpft. Sein Innovationsdrang treibt ihn weiter. Er inspiriert als Berater das multi-ethnische „Spoon“, einen schick designten In-Treff in Paris, der die gefragtesten internationalen Küchenstile – jeden nach seiner Eigenart, aber auch mal frech gemixt – auf den Speise-

Auch im Resta… der Bastide de… stiers gibt e… Bibliothekszir… Hier sind die B…

zettel setzt, ausgenommen die französische Cuisine. Er wird Präsident der Hotelvereinigung Châteaux & Hôtels de France und setzt ihr zum Ziel, Frankreichs Besuchern immer die authentische Gastfreundschaft einer besonderen Region, eines historischen Ortes nahezubringen. Er eröffnet ein zweites Restaurant in Monaco, im Veranstaltungszentrum Sporting d'Eté, herrlich der Blick dort über den Hafen und die Altstadt des Fürstentums. Er nennt es Bar & Boef und bietet da wirklich, wie der Name sagt, nur Wolfsbarsch und Rind. Aus beiden Produkten zaubern seine Köche nach allen Regeln der Kunst, mit Grillen und Braten, Dämpfen und Pochieren einen schillernden Reigen von Gerichten. Ducasse selbst über seine Leidenschaft: „Ich könnte jeden Monat ein neues Restaurant erfinden."

Zurück in Monaco. Im Veranstaltungszentrum Sporting d'Eté eröffnete Ducasse ein zweites Restaurant, das Bar & Bœf. Wie der Name sagt, speist man nur Wolfsbarsch und Rind, aber die Köche verblüffen mit einer Vielfalt von Zubereitungen. Unten: das Separée des Bar & Bœf.

Wir sehen, Alain Ducasse verfolgt nach wie vor das gleiche Ziel: „Etwas sehr gut zu machen, was bereits sehr schön ist." Er läßt wunderschöne Orte zu kulinarischen Highlights aufsteigen, jeden nach eigener Art, und er bindet sie zu einer kostbaren Kette, ganz so, wie er die Ingredienzien eines Gerichtes vermählt. Die Glieder des Colliers, jedes ein anderes Juwel, setzen mit ihrem Gefunkel nicht nur sich selbst, sondern auch den Nachbarn ins Licht. Der Gourmet-Tourist, der das ganze Alain-Ducasse-Land bereist, soll ein Gesamtkunstwerk erleben, oder, um es heutiger auszudrücken, ein umfassendes kulinarisches Lifestyle-Konzept. Wie ein Schmetterling von Blüte zu Blüte fliegt, saugt er seinen Saft aus den schillernden Facetten der Marke Alain Ducasse.

Das Fliegen hat für den Meister aus den Landes übrigens eine ganz persönliche Bedeutung. Im August 1984 saß er in einer kleinen Piper-Aztec, die von Saint-Tropez Richtung französische Seealpen aufstieg. An Bord waren Freunde und Mitarbeiter. Im Gebirge zerschellte der Flieger. Alle Insassen starben, bis auf einen. Alain Ducasse überlebte schwer verletzt. Er scheint seine zweite Geburt im Taumel seiner Kreativität zu feiern, als nimmermüder Geburtshelfer für all seine lukullischen Geschöpfe.

*Zum Dessert
einmal ins Louis
Melange von s
ger wie knusp
Bitterschoko
und gegr
Trockenfrüc
Kaffee-Rum-Mo
Raspeln von M
schokol*

PIERRE GAGNAIRE

Pierre Gagnaire wurde immer gern als „Junger Wilder“ apostrophiert. Der große schlanke Mann mit der blonden Mähne, den kraftvoll gemeißelten Zügen und dem verträumt sensiblen Blick faszinierte Kritiker und Gourmets, seit er sein erstes eigenes Restaurant eröffnete. Das war Anfang der achtziger Jahre in Saint-Etienne, etwa sechzig Kilometer von seinem Geburtsort, dem Dreihundert-Seelen-Dorf Apinac, entfernt.

Patricia Wells etwa berichtete in der International Herald Tribune: „Pierre Gagnaire bietet einen ganz persönlichen Küchenstil, voll von Kunst, Poesie, Verwegenheit und kräftigen, klassischen Aromen“. Seine Küche „gründet im Klassischen, aber sie zeigt mutige Seiten von Kreativität, Enthusiasmus und Humor“. Gagnaire „erfindet ungewöhnliche, aber immer befriedigende Geschmacksnuancen“ mit Gerichten wie „Tempura von Langustinen oder Riesengarnelen; Kaninchen gegart in kraftvollem roten Hermitage-Wein; knusprigen Kartoffeln mit Wachtel vom Bauernhof, gerösteter Schokolade und glacierter Foie Gras“.

„Kunst, Poesie, Verwegenheit“: Pierre Gagnaire gilt als einer der avantgardistischsten Köche von Paris.

Gagnaires artistische Cuisine zog Künstler wie Catherine Deneuve und Gerard Depardieu an, aber für ein auch mengenmäßig großes Publikum war die abgelegene, freudlose Atmosphäre der Eisen- und Stahlstadt Saint-Etienne nicht attraktiv. Gagnaire sah sich letztlich gezwungen, das Restaurant und seine drei Michelin-Sterne aufzugeben.

An seinem Genie aber hielt er fest. Er ging nach Paris, eröffnete 1996 direkt neben dem Hôtel Balzac das neue „Pierre Gagnaire“, bekam nach drei Monaten zwei Sterne, ein Jahr später auch den dritten zurück und fand hier, einen Katzensprung von den Champs-Elysées, für seine Autorenküche endlich das richtige Publikum. Sicheres Erfolgszeichen: Die vierzig Plätze seines erlesen designten Restaurants sind in der Regel zwei Monate im voraus reserviert.

Und wenn der Wilde inzwischen auch nicht mehr ganz so jung ist (er macht im Jahr 2000 das halbe Jahrhundert voll), so fährt er doch in der Rue Balzac fort, die Fachpresse zu begeistern: „Wenn ich meine Augen schließe, habe ich immer noch den Geschmack der gebratenen Ente auf der Zunge,

Design von mi listischer Finess Bilder von berü Malern der G wart präge Int

bedeckt mit Limonen und mit Bittermelonen serviert. Die Haut war durch einige Schichten von Warka ersetzt, dem marokkanischen Pasteteig, aber wenn man hinein biß, war die Haut selbst da, eingebettet in die knusprigen Blätter. Die Ente, gebadet in einer Süßwein-Reduktion, war extraordinär. Wovon ich aber noch immer träume, ist das Tamarillo-Soufflé, so leicht, so heiß, so bittersüß!" (Ruth Reichl in der New York Times.)

Damit wäre im Grunde schon das Wichtigste über Pierre Gagnaire erzählt, gäbe es nicht Anlaß, den Ausnahmekoch aus dem Südosten Frankreichs noch in anderer Beleuchtung zu zeigen.

Wir hatten Alain Ducasse in Paris gefragt, ob er beim vielen Reisen zu seinen vielen Restaurants überhaupt noch zum Kochen komme. Er konterte: „Machen Sie mir eine Liste mit den Köchen, die angeblich noch selbst am Herd stehen. Ich tue es nicht, und ich gebe es zu." Als wir dann darauf hinwiesen, daß wir tags zuvor Pierre Gagnaire besucht hatten, lenkte Ducasse ein. „Gagnaire ist das beste Beispiel für einen Chef, der wirlich noch selbst in der Küche arbeitet. Ich bin von seinem handwerklichen Können beeindruckt, Gagnaire ist ein echter *Artisan*. Ich denke freilich, ein Koch sollte heute ein *Artisan* und zugleich eine Marke sein." Also könnte man Alain Ducasse und Pierre Gagnaire als Pole der aktuellen Kochszene sehen, als zwei entgegengesetzte Extreme? „Exakt, vielleicht – ja, ganz genau."

Die Kreativität eines Alain Ducasse scheint sich mit wachsender Entfernung von Töpfen und Pfannen zu steigern. Offensichtlich verschiebt sich dabei seine Autorenschaft. Ducasse schreibt (oder erfindet) jetzt nicht nur Gerichte, er schreibt (und inszeniert) zunehmend neue kulinarische Orte. Dabei geht er in der gastronomischen Branche ähnlich vor wie große Fashion-Marken in der Mode. Er entwickelt eine Art Lifestyle-Konzept, in seinem Fall das Profil eines kulinarischen Art de vivre à la Ducasse. Die Distanz beflügelt ihn. Pierre Gagnaire dagegen schneidet sie von seinem Mutterboden ab. Gagnaire scheint den Dunstkreis seiner Küche zu brauchen wie ein Schauspieler den Duft von Schminke und Mastix, das heiße Scheinwerferlicht, das Atmen, das Raunen, das Lachen des Publikums.

„Mein Problem ist: Ich muß in meiner Küche sein. Es ist mir nicht möglich, wie Ducasse zu arbeiten. Ich koche jeden Tag selbst, mittags und abends. Jeder Tag ist neu. Ich telefoniere mit meinen

Pierre Gagnaire hat nicht nur ein Faible für die moderne Malerei. Seine Teller gleichen oft selbst Gemälden.

Nach dem sch… gen Beginn in Etienne hat Gag… in Paris endlic… Publikum gefu… das für volle … vierungsbücher

Im Entrée: Wer das Restaurant Pierre Gagnaire betritt, ist Gast im Reich eines Kochs, der schöpft wie besessen.

Lieferanten, frage am Markt, was sie schicken können. Ich weiß, was im Kühlschrank ist. Wenn Sie nicht aufpassen, verlieren Sie den Kontakt, mit dem Produkt, mit dem Team. Wenn Sie sich darauf konzentrieren ist es möglich, Kombinationen zu finden. Ich versuche, das Produkt zu kochen, wie ich es fühle. Nehmen Sie zum Beispiel das Foto, das Sie machen werden. Ich kann das Gericht dafür kochen, weil ich heute das Produkt bekommen habe. Ich habe heute ganz kleine Makrelen bekommen, ein blauer Fisch, sehr gut, normalerweise kriegt man ihn nur groß. Das Rezept, das ich koche, ist in keinem Buch. Ich mache es nur heute, für Sie, weil ich diese Art von Fisch habe. Ich werde ihn auch beim Lunch anbieten, und wenn er aus ist, gibt es das Gericht nicht mehr."

Wenn eine Küche so in der Spontaneität wurzelt wie die Cuisine des Pierre Gagnaire, dann wird man von Gästen, die zu verschiedenen Zeiten bei ihm gegessen haben, vielleicht immer die gleiche Begeisterung hören. Sie wird sich aber jedesmal an anderen Gerichten entzünden. Gagnaire ist ein Autorencuisinier der besonderen Art. Er schreibt, er erfindet seine Gerichte, während er kocht. Er jagt kochend seinen Einfällen nach so, wie sie sich blitzartig in ihm aufblättern. Er bannt Inspirationen auf den Teller, die ihm aus dem immer neuen emotionalen Kontakt mit seinem Produkt zufliegen. Ducasses Einschätzung paßt, weil das französische Wort *Artisan* doppelte Bedeutung hat. Es meint den Handwerker, aber auch den Schöpfer.

Pierre Gagnaire scheut den Schmerz der Vergänglichkeit nicht. Wie der Schauspieler frönt er einer ephemeren Kunst, einer Kunst für den Tag, für den Abend. Hat das Publikum sie genossen, ist das Kunstwerk perdu. Daher wohl der Drang, ständig Neues zu schaffen. „Aber ich mache nichts Neues, nur um des Neuen willen. Es muß neu sein, aber es muß einen Sinn haben, und damit führe ich meinen täglichen Kampf."

Wer einmal bei Gagnaire gegessen hat, der weiß, daß man bei ihm Sinn nicht nur kosten, sondern auch sehen kann. Pierre Gagnaire kocht die Bedeutung seiner Schöpfungen, er malt sie aber auch auf den Teller. Kein Wunder, daß er die Gestaltung seines Restaurants bedeutenden Designern in die Hand gab, und daß um seine Tische Bilder hängen, die renommierte Maler der Gegenwart wie Pierre Alechinski oder Richard Serra geschaffen haben.

In einem schmalen Bildbändchen mit dem Titel „Ein Tag im Restaurant Pierre Gagnaire" formuliert der Meister aus dem Dorf Apinac den Kosmos seiner Cuisine: „Meine kulinarische Welt ist eine schöpferische Arbeit, eine Küche, die ich mit meinem Erfahrungsschatz, meinen Gefühlen, meinen Überzeugungen und meinen Zweifeln erarbeite. Ich glaube Ihnen sagen zu können, daß der Teller, den ich vor Sie hinstelle, mit vollster Begeisterung kreiert wurde, in dem Willen, es gut zu machen, ohne Prahlerei, ohne falsche Bescheidenheit, und mit dem Können und der Professionalität, die ich wahren Meistern schulde." Zum Schluß aber verrät Gagnaire die wichtigsten Ingredienzien seiner Küche: „Etwas Liebe, etwas Zärtlichkeit, und ein wenig Magie!"

*Am Morgen
vom Markt geli
mittags als spor
Kreation auf
Tisch: Lisettes (k
Makrele
Gewürzstrauß
scharfer Fleischsc*

LA TOUR D'ARGENT

La Tour d'Argent war immer eine Bühne der Stars. Erstaunlicherweise, erstaunlich für das älteste und berühmteste Restaurant von Paris, trat unter ihnen aber nie ein Koch in Weiß auf. Dafür verbreiteten schon bald nach seiner Gründung im Jahr 1582 Fürsten und Könige ihren Glanz, traten immer wieder Gerichte und kulinarische Novitäten ins Rampenlicht. Eines Abends kam Heinrich III. nach der Jagd zum Dîner und griff, wie damals üblich, ungeniert mit den Händen zu, bis ihm an einem Nebentisch vornehme Venezianer auffielen. Sie spießten ihr Fleisch auf spitze Instrumente, die ihnen ihre Diener aus Etuis reichten. Der Monarch nahm das Ereignis zum Anlaß, unverzüglich in ganz Frankreich den Gebrauch der Gabel einzuführen.

Seinen Nachfolger, Heinrich IV., zog es ins Tour d'Argent des gekochten Huhns und der Reiherpastete wegen. Zur Zeit des Sonnenkönigs verwöhnte der Herzog von Richelieu einmal seine Gäste mit einem ganzen Ochsen, auf dreißig verschiedene Arten zubereitet. Der eigentliche Clou kam aber erst nach der Schlemmerei. Da wurde im Tour d'Argent wieder eine Neuentdeckung serviert: Kaffee.

Die Kornblume im Revers ist sein Markenzeichen: Claude Terrail, Inhaber und charismatischer Maître d'hôtel des Tour d'Argent.

Nach den Wirren der Revolution bringt Napoleon dem Restaurant neues Ansehen. Man revanchiert sich mit der Erfindung eines Gerichtes, das einen seiner großen Siege feiert: „Poulet Marengo". Die Stars des 19. Jahrhunderts marschieren auf, Musset und George Sand, Balzac und der Komponist Jacques Offenbach, der in seiner Operette das „Pariser Leben" zelebriert; und schließlich erscheint ein Mann auf der Bühne, der die Tradition der berühmten Maîtres d'hotel des Tour d'Argent begründet und zugleich die Karriere eines einzigartigen Gerichts: Maître Frédéric trat an und mit ihm eine Delikatesse, die zum Klassiker des Tour d'Argent schlechthin werden sollte, die Blutente.

Er machte sich eine Passion daraus, das Caneton vor den edelsten Gästen persönlich zu tranchieren, virtuos auf der Spitze einer Gabel, ohne daß die junge Ente dabei den Teller berührte. 1890 begann Maître Frédéric, die „Canetons Tour d'Argent" zu nummerieren. Noch im gleichen Jahr genoß der spätere englische König Eduard VII. die Ente Nr. 328; 1921 trug man für Kaiser Hirohito von Japan die Nr. 53 111 auf. Die Hundertjahrfeier der Enten-Nummerierung wurde mit der Nr. 750 000 begangen, und jetzt, zur Jahrtausendwende, dürfte sich das Register

Der Klassik über hundert J Caneton au junge Bl

MADER
18 % Vol.
LES CAVES DE LA TOUR
PARIS

Maître Frédéric, der Erfinder der Caneton Tour d'Argent, tranchierte seine Ente vor auserwählten Gästen höchstpersönlich. Das Kärtchen erhält jeder Gast, der das Gericht bestellt. Auf der Rückseite steht die laufende Nummer.

zügig dem Caneton Nr. 900 000 nähern. Jeder Gast nimmt vom Mahl ein Kärtchen mit. Auf der Rückseite steht die Nummer seiner persönlichen Ente, vorne ist ein Gemälde reproduziert, das Maître Frédéric zeigt, wie er mit feierlicher Konzentration, ein Hohepriester des Genusses, sein berühmtes Geflügel tranchiert.

Bis heute vollendet man die Zubereitung der jungen Blutente à la Tour d'Argent nach unverändertem Ritual, vor den Augen des Gastes, „auf der Bühne des Theaters", wie Patron Claude Terrail sagt; und obwohl diese Aufgabe inzwischen nicht mehr dem Maître, sondern dem Küchenchef obliegt, ist nicht er mit seiner Kunst der Star der Inszenierung, sondern die köstliche Ente aus Challans. Sie wird in der Vendée mit großer Sorgfalt gezüchtet und genährt, erlebt in der wasserreichen Natur an der Loire-Mündung eine kurze, fröhliche Kindheit, bis sie im Alter von neun Wochen und bei einem Gewicht von drei Kilo den Tod durch Erwürgen erleidet, damit für den menschlichen Genießer kein Tropfen ihres Blutes verlorengeht.

Claude Terrail, der heutige Eigentümer, ist als Maître d'hotel längst eine Legende wie sein Vater André vor ihm, und wie vor dem Vater jener berühmte Maître Frédéric. André Terrail erwarb das Tour d'Argent kurz vor dem ersten Weltkrieg und übergab es kurz nach dem zweiten an seinen Sohn. Claude Terrail ist ein Maître ganz eigener Art. Für Maître Frédéric war seinerzeit das Gericht, war seine Ente der einzige Held des Tour d'Argent, und er konnte sehr streng werden, wenn er Störungen der Heldenweihe wahrnahm. So stand er nicht an, mit einer Verbeugung die Großherzogin Wladimir zurechtzuweisen: „Ihre Hochwürden, wenn man ein solches Gericht nicht mit der Achtung zu essen versteht, die ihm gebührt, so erlaubt man sich nicht, es zu bestellen." Ihre Hochwürden hatten gewagt, beim Essen zu sprechen.

Claude Terrail ist ein Gastgeber von anderer Couleur. Natürlich hält auch er seine bis heute vielgefragte Cuisine für die Grundlage des lukullischen Ereignisses. Nicht umsonst honoriert der Guide Michelin eine Küche, die Feinheiten wie die Bisque Café Anglais, wie Hechtklößchen André Terrail, Seezungenfilets Cardinal oder wie die sechs verschiedenen Zubereitungen des Caneton serviert, immer noch mit zwei Sternen. Und auch die Tradition innovativer Geschmackssensationen hielt unter Maître Claude an. 1959 etwa wurden im Tour die ersten grünen Pfefferkörner präsentiert, importiert aus Santo Domingo.

Doch zu Gast sein bei Claude Terrail muß seiner Meinung nach mehr bedeuten: ein Gesamtkunstwerk der feinen Lebensart, ein sensationelles Erlebnis für alle Sinne. Seine Neuerungen passen genau in dieses Konzept. M. Claude liftete das Restaurant hinauf in den sechsten Stock, nun hatte man dort nicht nur von der Terrasse das herrliche Panorama über Notre-Dame und die Seine, sondern auch von innen. Er eröffnete ein kulinarisches Museum. Er war es, der für Damen und geladene Gäste Speisekarten ohne Preise einführte. Er erschuf den Weinkeller des Tour als eleganten gastronomischen Treffpunkt mit einer audiovisuellen Show rund um das spektakuläre Weinsortiment von 500 000 Flaschen. Er richtete Salons ein für private Banketts und Feste, alles unter einem Ziel: Die Stunden im Tour d'Argent sollten zu einer perfekten Vorstellung werden. „Ich hatte immer die Sehnsucht, mein Haus so einladend wie möglich zu machen, ich will der Wächter über dem Glück meiner Gäste sein. Deshalb erfindet sich das Tour jeden Tag neu, für seine neuen Liebhaber und für das große

Festliche Taf
der Terrass
sechsten E
Im Blick
Cathédrale N
Dame de

Bühne für brillante Auftritte. Auf dem Gueridon neben dem hinteren Tisch wartet die Entenpresse. Ganz rechts: der berühmte Weinkeller des Tour d'Argent.

Vergnügen, unterhaltsam zu sein." Claude Terrail ist das Musterbeispiel einer bestimmten Art von Restaurateuren. Diese Gilde weiß, daß die Kunst, Gastgeber zu sein, im Wesen theatralisch ist. „Ich habe einmal davon geträumt, Schauspieler zu werden. Dann habe ich die Nachfolge meines Vaters angetreten, und nun führe ich das Tour wie ein Theater. Ich bin der Dramaturg der Feste, die wir tagtäglich veranstalten. Kommen Sie, lassen Sie sich in den Garten meiner Imaginationen führen. Wir müssen durch eine Tür gehen, dann gelangen wir auf die andere Seite des Spiegels. Dort betreten wir ein Wunderland, das unauslöschliche Erinnerungen schenkt, das uns Lächeln macht und zu Freunden. Nehmen Sie Platz in meinem Theater. Öffnen wir etwas den Vorhang. Auf der Bühne ist man schon beschäftigt. Die Kulissen erwachen zum Leben. Letzte Proben. Doch nun die drei Gongs, und der Vorhang hebt sich: *„Monsieur, es ist serviert!"*

In das Szenenbild, das Claude Terrails Imaginationen entspricht, paßt natürlich keine gemütliche ländliche Küche, wie man sie aus dem Flandern des 18. Jahrhunderts kennt. Solche Idylle werden wir im kulinarischen Theater des Roger Souvereyns erleben. Maître Claude führt sein Publikum auf das Parkett der eleganten großen Welt und der prachtvollen Kunst der Tafel. Unter seinen Gästen treten oft die Helden dieser Welt persönlich auf, und um sie alle in seinem Haus perfekt in Szene zu setzen, schlüpfte dieser Maître de Plaisir sein Leben lang in immer neue Rollen; denn der geheime Star des Tour d'Argent war selbstverständlich immer Claude Terrail selbst.

Die Photographien des Gästebuchs halten unvergeßliche Momente fest: den noch jungenhaften, hoch aufgeschossenen Mann im eleganten Zweireiher, Aug' in Aug' mit Bing Grosby; den schon erfahrenen Bonvivant mit der schönen Laureen Bacall, seine Hand auf dem übergeschlagenen Knie hält lässig eine Zigarette; den strahlenden Entertainer im weißen Smoking am Tisch von Colonel Sickles; den dezenten Hausherrn, respektvoll einen Schritt hinter dem greisen japanischen Kaiser; und vor unserer Kamera nahm M. Claude als gütiger, alt und weise gewordener Grandseigneur Platz, in den Augen immer noch das jugendliche Funkeln und im Revers die unvermeidliche blaue Kornblume.

„Ja, ich habe mein ganzes Repertoire gespielt über all die Jahre. Ich habe auf der Bühne tausend Masken und tausend Kostüme getragen. Ein Freund, der mich gut kannte, sagte einmal, das einzige Zeichen, das mich identifiziere, sei die blaue Kornblume im Knopfloch. Sie fragen vielleicht, warum eine Kornblume. Warum nicht? Mein Vater trug immer eine rote Nelke. Aber für mich hat diese kleine blaue Wildblume den Duft des blauen Himmels, sie hat die Farbe des Ausbruchs und der Träume. Versuchen Sie, solche Dinge zu erklären ... !"

Porto
Grahams
1887
Madere
1870
JEROBOAM

LE GRAND VÉFOUR

Mit brillanter und sicherer Hand schreibt Guy Martin heute einige der schönsten Seiten des Mythos Grand Véfour. So beginnt die Begründung des Restaurantführers Gault Millau für seine Entscheidung, den Cuisinier einer legendären Pariser Gourmet-Adresse zum Koch des Jahres 1999 in Frankreich zu wählen. Ein großes Lob, denn die Geschichte des Grand Véfour liest sich als Roman mit durchweg glänzenden Kapiteln.

Jean Véfour kaufte die illustren Räume in einem Flügel des Palais Royal im Jahr 1820, taufte sie auf den eigenen Namen und machte sie zu einem der besten Restaurants von Paris. Als Café de Chartres hatte der gastronomische Ort da schon eine jahrzehntelange Vergangenheit, war er ein Must für die Crème de la crème aus Kunst, Literatur und Politik. Wer sehen, und vor allem, wer gesehen werden wollte, war hier Stammgast. Im Café de Chartres verkehrte der Revolutionär Barras mit Madame Montansier ebenso wie sein späterer Feind Napoleon mit Josephine.

Mit seiner eigenwilligen, phantasievollen und poetischen Küche wurde Grand-Véfour-Chef Guy Martin vom Guide Gault Millau zum Koch des Jahres 1999 gewählt.

Auch als Grand Véfour blieb die elegante Ambiance die Perle des Palais Royal, durch die Zeiten besucht von der jeweils gefeierten Prominenz. Während der Restaurationszeit erklärte es der Schriftsteller und Gourmet Brillat-Savarin zu seinem Hauptquartier. Im Second Empire feierten hier Lamartine und Victor Hugo ihre Erfolge. Während der Belle Epoque ließ nicht nur die Elite, sondern auch die Demi-Monde von Paris den Champagner schäumen, und nach dem letzten Krieg versammelten sich die Stars des Surrealismus, des Existenzialismus und der Theater, von Sacha Guitry und Louis Aragon über Jean-Paul Sartre und Simone de Beauvoir bis zu Colette und Jean Cocteau.

Das war bereits die Zeit, in der ein großer Küchenchef, Raymond Oliver, das kulinarische Gesicht des Grand Véfour prägte, und das 36 Jahre lang. Ein großes Erbe, das der junge Guy Martin im November 1991 mit seinen vierunddreißig Jahren übernahm. Die Auszeichnung des Gault Millau und zwei Sterne im Guide Michelin betonen, wie bravourös der Mann aus Bourg Saint Maurice in Savoyen die Herausforderung meistert. Das Grand Véfour wohnt bis heute in der Béletage der Pariser Gourmandise, und es gilt auch aktuell als Treffpunkt der Mächtigen und der Schönen, der Klugen und der Poeten.

Das Interieur gibt sich voller Nostalgie. Die Rechnung kommt

*Hier traf und tri
die Welt. Das
Véfour zeigt si
heute im
gischen Interie
18. Jahrhundert
Blick geht
Kolonnade
Palais*

Hennessy
HINE

Aromatisch und optisch ein Gedicht: Seezungenfilet mit Zitronensaft und Sesam.

nach wie vor in Keramikschalen, die einst Jean Cocteau gestaltete. Man speist im wundervoll restaurierten Originalambiente des 18. Jahrhunderts, umgeben von bemalten Wänden und Plafonds, goldgerahmten Spiegeln, rot gepolsterten Bänken und Sesseln, der Blick geht hinaus in die klassischen Kolonnaden des Palais Royal.

Ganz unklassisch dagegen präsentieren sich Guy Martins Werdegang und Küchenstil. Der geniale Savoyarde ist Autodidakt. Der entscheidende Kick für den Kochberuf traf ihn während des Praktikums bei einem Küchenmeister. „Innerhalb eines halben Jahres habe ich mit Hilfe eines Buches die Grundlagen nachgelernt." Es folgten einige Reisejahre als Commis, und mit 23 Jahren war und blieb M. Martin bereits Chef de Cuisine.

Als Direktor und Chefcuisinier des Grand Véfour zeigt er eine Küche voller Eigenart und Phantasie, Einfachheit und optischer Schönheit, voller Witz und Poesie. Nach dem Geheimnis seines Erfolges gefragt, verweist er auf den Schutz der eigenen Kreativität. „Ich habe mit keinem der großen Chefs zusammengearbeitet. So bin ich in keiner Weise beeinflußt und in meinem Denken eingeschränkt." Ungewöhnlich auch die Quelle seiner Inspirationen. Als seine Muse nennt er nicht den morgendlichen Markt, das Produkt oder die animierende Atmosphäre der Küche. Er findet seine Ideen bei besinnlicheren Gelegenheiten, bei einem Waldspaziergang, im Konzert, bei einer Gemäldeausstellung.

Köstlich die Ergebnisse, so ein Seezungenfilet in Zitronensaft und Sesam; das Bries vom Milchkalb, gespickt mit Trüffeln, begleitet von Artischocken, kroß gebratenen Kartoffeln und Fleisch von der Kokosnuß; der bretonische Hummer in Ananassaft und Curry; die Schokoladenblinis mit Pistazieneis und Granny-Smith-Stäbchen – alles Delikatessen, die Guy Martin als Boten an sein Publikum begreift.

Wie artifiziell er diese Botschaften verfaßt, verrät der Chef des „Mythos Grand Véfour" mit einer Bemerkung, die ganz unbeschwert nebenbei fällt. Der Vergleich liegt nahe in einer Aura, die zu allen Zeiten Kunst und Künstler anzog: „Musiker kommunizieren über ihre Songs, Maler über ihre Gemälde, und ich selbst über meine Gerichte."

So sah Jean Cocteau das Palais Royal. Er war im Grand Véfour Stammgast.

Bretonischer Hum
in Ananassaft
Curry: das Ge
einer exzeption
Cui

LES ELYSÉES DU VERNET

Das Hôtel Vernet im achten Pariser Arrondissement ist ein gutes Beispiel für eine reizvolle kulinarische Renaissance: Haute Cuisine und Luxushotellerie finden wieder zusammen. War in der Belle Epoque der Name eines Auguste Escoffier, des Klassikers der modernen französischen Küche, untrennbar verbunden mit Grandhotels wie dem Savoy oder dem Carlton, so hatten sich spätestens in der zweiten Hälfte des zwanzigsten Jahrhunderts die luxuriösen Herbergen und die innovativen Köche auseinandergelebt. Noch in den achtziger Jahren konnte der Gast eines Nobeldomizils, wenn er Gourmet war, sicher sein, auf den Tellern des Hotel-Restaurants luxuriöse Fadesse und elegante Langeweile vorzufinden. Dann begann sich das Blatt zu wenden, und inzwischen werden die feinsten Refugien wieder in einem Atem mit berühmten Köchen genannt, das Negresco auf der Promenade des Anglais in Nizza mit Jacques Maximin, als der dort noch Küchenchef war, das Louis XV in Monaco und das Hôtel Le Parc in Paris mit Alain Ducasse, das Hotel Balzac mit Pierre Gagnaire, um nur Beispiele zu nennen.

Im Hôtel Vernet kocht seit 1993 der junge Südfranzose Alain Solivérès. Er brauchte nur drei Jahre, um seine Cuisine auf den zweiten Sternenrang zu heben, und so bietet er den Gästen seines auch architektonisch attraktiven Restaurants, des Elysées du Vernet, Gelegen-

Der junge Chef-Cuisinier Alain Solivérès kam aus seiner südfranzösischen Heimat über prominente Stationen nach Paris. Im Hôtel Vernet, nahe den Champs-Élysées, erkochte er sich in kurzer Zeit zwei Sterne.

Letzte Korrekturen vor dem Einlaß. Gleich tritt das Publikum auf.

heit, eine der besten Küchen von Paris zusammen mit einem schmucken Hotel an einem der exklusivsten Flecken der Stadt zu genießen.

Der Hinweis auf den Ort steckt natürlich schon im Namen. Die Rue Vernet ist eine stille Parallelstraße ganz nahe an den Champs-Élysèes. Zu den Luxusläden der Pariser Prachtstraße hat man nur einen Katzensprung, ebenso zu den feinsten Couturier-Adressen in der Avenue Montaigne, und der Arc de Triomphe ist auch gleich um die Ecke. Das Publikum läßt sich zu Hause im Hotel in aller Ruhe vom Charme der Belle Epoque verwöhnen und hat zugleich den Glamour der Pariser Avenuen in Reichweite.

Im Restaurant-Interieur präsentiert sich das Flair der Jahrhundertwende besonders denkmalwürdig. Umgeben von üppigen Blumenarrangements speist man unter lichtvoller Kuppel. Ihr Eisengerüst stammt aus den Ateliers des Brücken-, Hallen- und Eiffelturm-Erbauers Gustave Eiffel, die bemalten, bleigefaßten Glastafeln vom Modern-Style-Vertreter Chavignol (er schuf auch das Glasgewölbe des Restaurants Bofinger an der Bastille).

Alain Solivérès nahm die Küche seiner südfranzösischen Heimat mit nach Paris. Geboren in Montpellier, der Hauptstadt des Languedoc, aufgewachsen also ganz nah am Mittelmeer, fuhr der junge Koch, um zu lernen, prominente kulinarische Häfen an. Dort herrschten Cuisiniers, die die neuentflammte Liaison zwischen erlesener Hotellerie und feiner Küche nährten, die vor allem aber als erstklassige Sendboten mediterraner Küchenkunst galten, von Maximin im Negresco, wo Solivérès als Commis anfing, bis zu Alain Ducasse, der sich im Louis XV auf den jungen Mann von der Küste als Souschef stützte.

Der Chef des Elysées brachte aber nicht nur Inspirationen aus seiner unmittelbaren Heimat an die Seine, aus dem Languedoc-Roussillon, einem der wichtigsten Weinbaugebiete Frankreichs. Er zeigt vielmehr Einflüsse aus dem ganzen Süden, aus der Provence wie dem Südwesten, und seine Fühler gehen auch über die Landesgrenzen hinaus. Die Herkunft der Produkte und ihre Zubereitungen stecken einen verlockenden Rahmen ab. Da reizt die Karte Feinschmeckergaumen mit Foie gras von der Ente aus dem Chalosse, einem Hügelland der Gascogne, dazu gibt es Feigenblätter und Zimt; da empfiehlt sich eine goldgebräunte Keule vom Lamm aus dem Lozére, dazu Steinpilze aus der Auvergne; zum Dessert verführen feine Sandplätzchen mit Birnen, Rosmarin, Weintrauben und Ziegenkäse aus den Garrigues (Lozère und Garrigues sind Landschaften am Fuß der Cevennen, wahre Kräuterparadiese für vierbeinige Gourmets, wie es Ziegen und Lämmer sind). Ausflüge zum nahen Nachbarn Spanien dürfen einen Gast von Solivérès nicht überraschen, er liebt den Dorsch aus Bilbao, reicht ihn vielleicht in der Pfanne gebraten mit Rotbarbe und Zucchini vom Markt in Nizza;

Im Elysées du … dem Restaur… Hôtel Vernet, s… Gäste in de… würdiger Amb… Die Glas… stammt a… Werkstätt… Gustave…

er serviert ein Pressé von der Fasanenhenne aus dem Baskenland mit Gänseleber, dazu Röstbrot mit den Innereien.

Trips nach Italien sind ebenso zu gewärtigen, köstlich das gespickte St.-Pierre-Filet auf Rosmarin, Zitronenschalen und sizilianischen Tomaten, und gelegentlich tritt die Mittelmeerküste appetitlich gemischt auf, dann präsentieren sich auch mal gebratene Jakobsmuscheln Seite an Seite mit Lucques-Oliven, mit Chorizo (einer pikanten spanischen Paprikawurst) und mit altem Parmesan. Ravioli werden mit Roquette, Ricotta, Mangold und korsischem Broccio gefüllt, Kartoffelgnocci ziehen aus der Küche im Gefolge von geschmorten Mairitterlingen, sautierten Krebsen, geschmorten Kämmen und Nieren vom Hahn.

So sorgt der richtige Koch am richtigen Ort für die Potenzierung der Genüsse. Das Publikum des 1913 erbauten Hôtels du Vernet läßt sich mit Jugendstil-Fluidum schmeicheln (dazu selbstverständlich mit jedem aktuellen First-class-Komfort); es findet manche Perle unter den Sehenswürdigkeiten von Paris direkt vor der Haustür, und es sonnt sich bei Tisch in den mediterranen Phantasien eines Cuisiniers, der die Fruchtbarkeit der Mittelmeerregion gekonnt an die Seine zaubert.

Nach dem Dîner wartet ein weiteres Vergnügen: Wohnen, umgeben von Pariser Eleganz.

Alain Solivérès kocht an der Seine phantasievolle Mittelmeer-Cuisine, natürlich immer frisch nach der Saison.

LE JULES VERNE

Paris ist ohne Zweifel die Hauptstadt der europäischen Gourmandise. In fünfzehn ihrer zwanzig Arrondissements und an der Banlieue verwöhnt die Seine-Metropole Feinschmecker mit nicht weniger als fünfundvierzig Sterne-Restaurants. Damit stellt sie die Kapitalen anderer Partnerländer der Union mühelos in den Schatten, die Schweiz dazugenommen. Deren Hauptstadt Bern kann keine einzige Speisestätte zeigen, die der Guide Michelin seiner berühmten „Macarons" für würdig erachtete. Berlin hat gerade mal sieben, und keines kann sich mit mehr als einem Stern schmücken.

Paris dagegen lockt mit sechs Drei-Sterne-Restaurants, mit zwölf Häusern, über denen zwei Sterne leuchten, und allein siebenundzwanzig gastliche Stätten lassen einen Stern funkeln. Unter letzteren gibt es einen Gourmet-Treff, der zusätzlich zu seiner bemerkenswerten Küche ein ungewöhnliches Erlebnis bietet: ganz Paris.

Das Jules Verne lädt seine Gäste an einen Ort, der sich bis 1932 als höchstes Bauwerk der Welt präsentierte. (Dann übernahm das Empire State Building in New York.) Errichtet zur Weltausstellung von 1889, wollte der filigrane Riese an einen historischen Moment ein Jahrhundert zuvor erinnern: 1789 griff das Volk von Paris im Sturm auf die Bastille nach den Sternen einer neuen Freiheit. Zugleich sollte die sensationelle Konstruktion den Triumph des industriellen Zeitalters verkörpern, wie der Semiologe Roland Barthes vermerkt. Und er klärt den wahren Gleichnisgehalt des Architektur-Ereignisses. Es sei längst zum Symbol für die Stadt, zum Wahrzeichen von Paris selbst geworden: La Tour Eiffel.

Alain Reix aus Bergerac im Périgord leitet die feine Küche zwischen den Stahlträgern des Eiffelturms seit sieben Jahren.

Sinnig natürlich der Name des Restaurants. Jules Verne, berühmt geworden mit Romanen voll technischer Utopien, ein Schriftsteller, der seine Leser im Jahr 1872 auf eine „Reise um die Welt in 80 Tagen" und ein Jahrzehnt früher auf einen Trip „Von der Erde zum Mond" schickte, war im Wunderwerk aus Beton und Stahl ein stilgerechter Taufpate.

Le Jules Verne hat seinen Platz auf dem Weg von der Erde zum Mond in 123 Metern Höhe. Wie reizvoll, auf der zweiten

Zum erlesenen
ein Blick üb
Dächer von
Hier im Vorde
die Seine u
Palais de C
weiter hint
Bois de Bou

Langustinenschwänze in Algen mit Tomatensalat und Basilikum: Alains Reix' Teller zeigen eine ambitionierte persönliche Handschrift.

Etage des Eiffelturms, während Maître Daniel Gabillaud gerade Aperitif und Amuse gueule serviert, den Blick über die Stadt schweifen zu lassen, über Schönheiten und Sehenswürdigkeiten, die man vielleicht vor ein paar Stunden auf der Erde besichtigt hat. Wie faszinierend, hier oben, in der Schwebe gehalten von gigantischen Stahlstreben vor den Fenstern, über Paris zu blicken, über die „unvergleichliche Stadt", die ihre Gäste schon tagsüber in beschwingte Stimmung brachte. Jeder Tisch zeigt seinen eigenen Ausschnitt aus dem spektakulären Panorama. Gleich unten etwa die Seine, am anderen Ufer das Palais de Chaillot mit seinen vier Museen und dem Theater unter der großen Terrasse, in dem Regisseure wie Jean Vilar und Jérôme Savary Erfolge feierten. Weiter nach Norden sieht man am Ende der Champs-Élysées den Arc de Triomphe (Napoleon gab seinen Bau 1806 in Auftrag, die Fertigstellung hat er nicht erlebt), und im Westen zur Stadtgrenze hin breitet sich der Bois de Boulogne aus.

Vor solch atemberaubenden Ansichten verwöhnt Küchenchef Alain Reix sein Publikum seit sieben Jahren. Das Restaurant selbst ist älter. Es wurde gebaut (übrigens mit eigenem Lift), als man den Eiffelturm zu seinem hundertjährigen Jubiläum gründlich renovierte. Das zeitbetonte Design spielt in Stil und Farben mit der Architektur. Die Küche hat sich zum Ziel gesetzt, den Ort mit Poesie, Finesse und Erfindungsgeist zu feiern.

Alain Reix ist schon durch seine Herkunft für feine Genüsse disponiert. Wer in Bergerac aufwächst, wird mit guten Weinen groß, dazu mit all den anderen Delikatessen des Périgord von der schwarzen Trüffel bis zur Foie gras; und wenn die Großmutter in der Heimatstadt auch noch ein kleines Restaurant betreibt, dann steckt einem die Gourmandise natürlich von Kind an in Fleisch und Blut.

Über den Dächern von Paris präsentiert Alain Reix eine Cuisine mit ambitionierter persönlicher Handschrift. Da kommt als Vorspeise vielleicht seine Kartoffel im Blätterteig mit Jakobsmuscheln und mariniertem Lachs, oder sein Hummer mit Sauerkraut erinnert den einen oder anderen Schlemmer noch an die Zeit, als der Cuisinier Chef der Straßburger Table Gourmand war; und während man sich solche Feinheiten auf der Zunge zergehen läßt, und wenn man Zeit und Wetter richtig gewählt hat, dann sinkt dabei gerade malerisch die Sonne über dem Bois de Boulogne.

Man läßt sich einen Edelfisch aus dem Mittelmeer mit raffiniert abgestimmtem Fleisch-Jus schmecken, genießt immer wieder bei Köstlichkeiten wie den Langustinenschwänzen in Algen mit Tomatensalat und Basilikum, wie sehr die Jules-Verne-Küche auch optisch zu gefallen weiß, und ordert am Ende Desserts, die wie Alain Reix' Crêpe-Créme-Schnitte mit Apfelkompott und Zimtbutter als verführerische Delikatessen auftreten; und dann ist es plötzlich Nacht geworden über der Seine, und es läßt sich kein schönerer Ort denken. Tief unten funkeln die Lichter von Paris, ein weites Glitzermeer, oben leuchten zum Greifen nahe die Sterne, und dazwischen zieht der Mond still über seine silberne Straße.

Im Le Jules Vern das Auge ni vom Panorar wöhnt. Au Blick aufs Ge voller

LES CRAYÈRES

Man nehme einen Koch aus der ersten Garde und gebe ihm die besten Produkte. Er mag die Ingredienzien optimal komponieren. Er mag mit raffinierten Techniken ein sensationelles Gaumenereignis erzielen. Er schafft doch nicht das perfekte Speiseerlebnis. Sein Sinnen-Highlight läßt sich mit einem einfachen Kniff überstrahlen: Man stelle das passende Glas Wein dazu.

Wenn sich Wein und feine Speisen begegnen, zeugen sie im glücklichen Fall ungeahnte Genüsse. Deshalb ist es auch nicht schwer, einen guten Sommelier, eine gute Sommelière glücklich zu machen. Man erkläre ihnen, daß man zu jedem Gang den passenden Wein wünsche, und überlasse ihnen die Auswahl. Die Weinkellner werden sofort ein phantastisches Spiel mit Aromen und Geschmäckern beginnen, mit weißen und roten, süßen und moussierenden Gewächsen, mit Weinen von den besten Rieden aus vieler Herren Länder, sie werden erregende Rendezvous veranstalten. Das alles geht im „Les Crayères“ natürlich auch.

Nummer eins in der Champagne: Eliane und Gerard Boyer, Gastgeber im Château Les Crayères in Reims.

Das Château mit dem Drei-Sterne-Restaurant Gerard Boyer ist aber zugleich der ultimative Ort, auch ein solches Gaumenfeuerwerk noch zu übertreffen. Denn wenn Johann Strauß mit seiner Operette „Die Fledermaus“ recht hat, mit ihrer ausgelassenen Huldigung an den „König aller Weine“, dann herrscht seine Majestät „Champagner der Erste“ über alle anderen gekelterten Kreszenzen, dann geht nichts über ein Champagnermenü, eine Speisefolge, die jeder neuen Delikatesse einen neuen attraktiven Champagner als Begleiter zuführt; und da Les Crayères in Reims liegt, Reims die Metropole der Champagne ist und Gerard Boyer der beste Koch dort weit und breit, empfiehlt sich das prachtvolle Château am Boulevard Henry Vasnier auf ganz besondere Weise. Gerard Boyer ist eine Koryphäe der Kunst, mit und für Champagner zu kochen, und seine Stadt bietet für champagnerselige Vermählungen von Gericht und Getränk anregendste Vorspiele.

Reims ist bekanntlich völlig unterminiert. Wo immer man geht und steht, man kann sicher sein, daß dreißig Meter tiefer, in kilometerlangen dunklen Gängen, Tausende Flaschen Champagner reif zum Kosten werden. Dieser Bergbau der speziellen Art ist natürlich zu besichtigen. Die meisten Champagnerfirmen mögen Besuch, und was gibt es Schöneres, als sich bei einer

Prachtvolle Amb
für eine Cuisin
den Champ

Les Crayères ist von einem wunderschönen Park umgeben. Die Zimmer zeigen erlesenen Landhausstil.

Degustation langsam auf die Freuden vorzubereiten, die beim Dîner ihren Gipfel erreichen sollen. Hört man übrigens auf die Önologen, gibt es fürs Verkosten eine ideale Zeit: den späten Vormittag.

Danach etwas frische Luft? Kein Problem, Reims ist ein ausgezeichneter Stützpunkt für Ausflüge zu den berühmten Champagner-Crus. Weine, die für einen Krug, einen Pommery, einen Bollinger in Frage kommen, dürfen ausschließlich in drei gesetzlich festgelegten Gebieten wachsen, in der Pinot-Noir-Region Montagne de Reims, im Vallée de la Marne mit seinen Pinot-Meunier-Hängen und an der Côte de Blanc, wo der Chardonnay wächst. Auch für den Trip in die Rebgärten gibt es natürlich eine Bestzeit, den Herbst und die Weinlese.

Wer bei Gerard Boyer nicht nur ißt, sondern auch wohnt, genießt bis zum Abendmahl noch andere Animationen, die Stunden luxuriöser Entspannung in einem der neunzehn traumhaft schönen Zimmer von Les Crayères. Der Name hat, wie könnte es anders sein, mit Champagner zu tun. Die unterirdischen Lagergänge, Galerien, wie man sie bei Pommery nennt, münden immer wieder in imposante hohe Gewölbe. Sie erinnern an die Kuppeln von Kathedralen und reichen hoch bis ans Tageslicht. Es sind die 2000 Jahre alten Kreideschächte, frz. *les crayères*, die entstanden, als die Römer Steine aus der Erde brachen, um Durocortorum, das heutige Reims, zu bauen. Das bezaubernde Jugendstil-Château von Gerard und Eliane Boyer mit seinen Interieurs im üppigen englischen Landhausstil, mit seinem wunderschönen, über hundert Jahre alten Park, steht unmittelbar über einem solchen *crayère*. Die Öffnung in die Tiefe gehört zu den Galerien von Pommery.

Jetzt aber Auftritt frei fürs Champagnermenü. An die zweihundert Positionen werden auf der Weinkarte des Restaurants Gerard Boyer allein von Champagnercuvées gehalten. Die großen Namen sind ebenso vertreten wie kleine, aber dennoch feine Proprietaires. Boyers genial klare und erfindungsreiche Küche ist offen für verführerischste Verbindungen. Er schafft Gerichte, die als Perlen zum Gaumen steigen wie das Mousseux im Champagner. Jeder Gang kommt als kleiner Höhepunkt, umschäumt von ausgesuchten Cuvées, einem 89er Millesime von Ployez-Jacquemart vielleicht zum Barsch-Filet aus dem Ofen mit Kaviar und einer Sauce von Champagne brut; von so einer Exzellenz wie dem Veuve Clicquot Carte Or, Jahrgang 1955, in der Magnumflasche zum Grenadin vom Milchkalb auf Trüffel; von einer 1990er Rosé-Cuvée von Gosset zum frischen Fruchtsalat der Saison mit einer „Deklination“ von Eiskreationen und Sorbets ... jeder Gang ein sensibles Ineinanderdringen der Aromen, ein harmonischer Gipfel, der nun wirklich von keinem anderen intimen Zusammenfließen mehr zu überbieten ist – oder?

Naturbli
Aperitif: die
gläserner

PAUL BOCUSE

Jedes Lexikon mit einem Eintrag über die Nouvelle Cuisine führt Paul Bocuse als ihren Erfinder an. Sein Restaurant steht in Collonges-au-Mont-d'Or, einem Vorort von Lyon, an den Ufern der Saône. Irgendwann in den frühen siebziger Jahren hat sich dort eine Revolutionierung herkömmlicher Küche ereignet, eine Art Initialzündung. Der Stern der Nouvelle Cuisine ging auf, und zwar als unwiderstehlicher Inspirationsquell.

Die Innovation blieb kein nationales Ereignis. Aus aller Herren Länder kamen talentierteste Jungköche, suchten am Herd von Bocuse ein freies Plätzchen. Sie nahmen auf, was sie konnten und trugen die Nouvelle Cuisine als Supernova hinaus in die Welt. Ihr Glanz erstrahlte mit vielfacher Kraft. Gemeinsamer Nenner waren neue kulinarische Werte: Das Produkt mußte bei der Zubereitung so frisch wie möglich sein, der Eigengeschmack war zu erhalten und in Szene zu setzen. Dazu brauchte es schonende Garzeiten, die Saucen traten zurück ins unterstützende Glied, Leichtigkeit war gefragt. Zugleich explodierte die Kreativität. Gewagte Kombinationen wurden interessant. Kochkunst trat als Artistik auf. Selbstbewußt reflektierte sie ihre eigene Finesse, die Idee des Gerichts präsentierte sich auf der Karte in detaillierter Beschreibung, effektvolle Optik wurde so wichtig wie der aufregende Geschmack; und Paul Bocuse war als Papst des neuen gastronomischen Himmelsgestirns massiv im Handel.

Paul Bocuse: Papst der Nouvelle Cuisine oder Verfechter einer charakteristischen Küche der Region?

Der Spott öffentlicher Beobachter fand schnell seine Anlässe. Das feingezeichnete Gesicht eines Gerichts kam als Ikebana auf dem Teller in Verruf. Filigrane Portionen ließen angeblich hungernde Gäste zurück. Der Spruch „Nichts auf dem Teller, aber alles auf der Rechnung!" machte die Runde.

Wir beschlossen, den Strom an seiner Quelle zu fassen, und besuchten Paul Bocuse. Als eine unserer ersten Überraschungen stellte sich heraus: Der Spruch „Nichts auf dem Teller, aber alles auf der Rechnung!" war von ihm. Wir fanden in seinem Reich vor den Toren von Lyon nicht den Papst der Nouvelle Cuisine. Falls er je auf diesem Thron saß, nun hielt sich Paul Bocuse an einem anderem Ort auf. Er marschierte keineswegs an der Spitze der Bewegung. Der Mann in den Siebzigern, seit 34 Jahren Drei-Sterne-Koch, begegnete ihr sehr ironisch und mit der Verve eines Vierzigjährigen.

Ein Dorn im Auge war ihm sichtlich, daß die Haute Cui-

Seit 34 Jahre drei Sternen ge Das Restauran Bocuse in Collo au-Mont

sine Française mit der Nouvelle Cuisine international zu einer langweiligen Mode verkommen sei. „Welche Cuisiniers hatten früher in Amerika, in Japan, in der ganzen Welt das größte Ansehen? Die Franzosen! Und heute? Die Italiener! Und Warum? Weil sie eine identifizierbare Küche präsentieren, die Küche ihres Landes." Und die Nouvelle Cuisine: „Die Minikarotte schmiegte sich an eine Zwergrübe und an eine sezierte Erbse als Begleitung für ein hauchdünnes Geflügelfilet ohne Haut und Knochen oder für ein gedämpftes Meerestier, das man mit einem Klacks püriertem Gemüse servierte. Farbe und Aussehen kamen zu hohen Ehren, verwöhnten das Auge, nahmen uns aber den Geschmack und den Duft. Das war eine Küche für appetitlose Leute auf dem Weg in die Magersucht!"

Der Groom, der hier den Chef beschirmt, geleitet auch die Gäste.

Die Nouvelle Cuisine sei im Grunde eine Erfindung der Gourmet-Kritik. Was übrigens damals in den siebziger Jahren plötzlich so revolutionär erschien, sei nicht sein Verdienst, sondern das eines ganz anderen Kochs gewesen: „Wenn wir von der Revolution in der Küche sprechen" (mit „wir" meint Bocuse sich und Kollegen wie Troisgros, Haeberlin, Vergé, Lenôtre) „dann sind die meisten von uns der Auffassung, daß es Ferdinand Point war, der diese Bewegung in Gang setzte. Er verstand es als einer der ersten, sich einer leichteren Küche zuzuwenden, ohne Kunstgriffe, näher an der Realität. Er lehrte uns in den fünfziger Jahren in seinem Restaurant in Vienne die Einfachheit in der Ausführung und, das Edle der Gerichte zu wahren." Die Forderung für eine heutige Cuisine sei klar: „Wir brauchen eine Küche des Landes, der Frische und der Saison." Nur dann zeige die Kochkunst Lebendigkeit, Vielfalt und Abwechslungsreichtum, von Region zu Region.

Nun, wer bei Paul Bocuse tafelt, sich sein herrliches Foie gras mit einem weißen Bordeaux vom Château Ricaud schmecken läßt oder mit einem 93er Côtes du Rhône von Jaboulet sein unvergleichliches Poulet de Bresse, mit Haut und Knochen am offenen Feuer gebraten, dem mutet man keine Küche zu, bei der er „nichts auf dem Teller, aber alles auf der Rechnung" findet. Der schwelgt in einer kraftvollen, sinnlichen Cuisine, die ihre Gäste rückhaltlos mit den typischen Delikatessen am Zusammenfluß von Rhône und Saône verwöhnt, ohne Scheu vor Butter, Sahne und Wein, der genießt eine Küche, die jenseits der Moden auf Individualität und Unterschiede setzt.

Die Küche von Paul Bocuse hat berühmte Gerichte hervorgebracht, die Trüffelsuppe V.G.E. zum Beispiel. Die Abkürzung steht für Valérie Giscard d'Estaing, jenen französischen Präsidenten, der Paul Bocuse 1975 als erstem Koch den Orden der Ehrenlegion verlieh. Der Meister revanchierte sich mit der Kreation

Paul Boc… seinen Küche… Sie tragen … die sie als „M… Ouvriers de F… auszei…

Paul Bocuse
France
Christian Bouvarel
Paul Bocuse
France

der Soupe aux Truffes Valéry Giscard d'Estaing. Auf eine andere Auszeichnung weist „Monsieur Paul", wie ihn seine Mitarbeiter nennen, mit nicht weniger Befriedigung hin. Sie wurde ihm bereits 1961 vom Erziehungsminister verliehen und ernannte ihn zum „Meilleur Ouvrier de France", zu einem der „Besten Handwerker Frankreichs". Der Stolz, mit dem der König der Köche diese Plakette vor der Kamera trägt, unterstreicht den rückhaltlosen Einsatz für seine Profession und für Professionalität.

Ein Blickfang von weitem: die farbenfreudige Fassade.

Selbst der goldene Koch am Türknauf zeigt das Selbstbewußtsein des Hausherrn.

Manche Kritiker werden über dem Versuch nicht müde, dem Star-Cuisinier gerade in diesem Punkt am Zeug zu flicken. Ihr Vorwurf: Paul Bocuse sei überall auf der Welt zu finden, nur nicht in seinem Restaurant. Soviel stimmt: Der Meister aus Lyon ist an Weltläufigkeit schwer zu übertreffen und auch in der Kunst, sich selbst zu vermarkten, ein Genie. Sein Tatendrang kennt auch außerhalb der Küche keine Grenzen. Bocuse vinifiziert auf seinem Weinberg in Létra eigenen Beaujolais, er kreiert ein Delikatessen- und Accessoires-Sortiment vom Wein über Spirituosen und Gänseleber bis zu Champagnerkühler und Krawatten (übrigens in schikkem Design, und der Chef selbst ist lediglich aufs schmale, also verdeckte Ende gedruckt). Dieses Repertoire vertreibt er in Japan ebenso wie am cours Franklin Roosevelt in Lyon oder in der Boutique seines Restaurants. Der „Koch des Jahrhunderts" (Gault Millau) eröffnete in seiner Heimatstadt die „Rotisserie du Nord", in Tokio ein Restaurant, er engagierte sich mit Vergé und Lenôtre kulinarisch in den USA, und er widmet sich als Präsident der „Ecole des Art Culinaires et de L'Hotellerie" in Ecully dem gastronomischen Spitzennachwuchs; oder er testet gerade im Rheingau mit 74 Jahren zum ersten Mal im Leben deutschen Eiswein, spürbar begeistert übrigens. Und auf die Frage, wer denn in Lyon koche, wenn er abwesend sei, hat

Seltenes Bild: „Monsieur Paul" in Zivil. Dahinter die riesige Limonair-Gaudin-Orgel im Festsaal.

der Hausherr eine schlagende Antwort: „Wenn ich nicht da bin, kochen die gleichen Leute, wie dann, wenn ich da bin."

Und die Garde seiner drei Küchenchefs kann sich sehen lassen: Roger Jaloux, Jean Fleury und Christian Bouvarel sind wie der Chef „Meilleurs Ouvriers de France". Als fünfter im Bunde der Bestarbeiter stellt sich Maître d'Hotel François Pipala vor, dazu kommt als weitere Bank in der Crew Yann Eon. Er trägt nicht nur den stolzesten Schnurrbart aller französischen Sommeliers, er ist auch ein As seines Fachs, nicht weniger Madame Raymonde Bocuse, die als Hausherrin mit charmanter Eleganz die Gäste begrüßt.

Langsam treffen sie zum Dinner ein. Bei der Anfahrt leuchtet schon von weitem die theatralische Fassade des Restaurants „Paul Bocuse" über den Fluß, farbenfroh bemalt wie der Prospekt eines Bühnenbilds, in der Mitte zeigt sie eine Sonnenuhr mit dem Wahlspruch: „Am Grunde des Kochtopfs wohnt die Wahrheit". Monsieur Pauls Gäste durchschreiten, vom livrierten Groom geleitet, den Hof mit seiner Trompe-l'œuil-Galerie, sie nehmen den Aperitif in der Bar unter den Porträts von Georges Escoffier und Ferdinand Point, lassen sich schließlich im Salon oder in der lichtdurchfluteten Rotonde zur Tafel nieder. Und dann wurde es natürlich ein ganz besonderer Moment, als sich Jahrhundertkoch Paul Bocuse mit seinem leisen, gütigen Lächeln einen Stuhl an unseren Tisch rückte und das Menü empfahl, die „Soupe aux Truffes, nicht wahr? Und dann die Seezungenfilets auf Nudeln à la Ferdinand Point, nein? Später vielleicht Taube im Blätterteig mit jungem Kohl und Foie gras ..."

Die Fassade zeigt eine Sonnenuhr in philosophischer Fassung: „Am Grunde des Kochtopfs wohnt die Wahrheit."

Paul Bocuse

AUBERGE DE L'ILL

Das Aquarell ist mit sicherem, nervigen Pinsel gemalt. Aus dem Hintergrund kommt ein Fluß, sein stilles Wasser fließt vorne aus dem Bild. Bäume säumen die Ufer, zwei Trauerweiden ragen höher auf, ihre hängenden, gertenfeinen Äste scheinen zu vibrieren. Das Spiegelbild der einen Weide wirft eine Sperre über den ganzen Fluß. Auch nach hinten ist sein Lauf begrenzt. Eine Insel oder eine Biegung verdecken mit hohen Baumkronen den Horizont. Dort zieht sich ein lichtblauer Himmel hin.

Die Malerei zeigt die Ill bei Illhaeusern im Elsaß, sie schmückt die Speisekarte der Auberge de l'Ill, seit über dreißig Jahren eine der ersten Adressen im Olymp der Gourmandise. Gäste lieben die Idylle am Fluß. Die Auberge liegt unmittelbar am Ufer. Man nimmt auf der Terrasse, wenn es warm ist, gerne den Aperitif, später vielleicht auch Kaffee, genießt die Stille, die Vögel, die Sterne.

Die Kochkunst der Haeberlins ist mit Himmelsglitzer reich gesegnet. 1997 feierten sie das dreißigjährige Jubiläum ihres dritten Sterns. Da war es genau vierzig Jahre her, daß sie den zweiten „Macaron" bekamen, und fünfundvierzig Jahre, daß mit dem ersten Stern ihre beispiellose Karriere begann. Heute ist die Auberge de l'Ill ein Mekka für Feinschmecker aus aller Welt. Paul Haeberlin, einer der großen Köche dieses Jahrhunderts, steht mit seinen 76 Jahren noch jeden Tag am Herd, kommt jeden morgen um sieben, geht nicht vor halb zehn: „Wenn ich drüben in meinem Haus bleiben müßte, das wäre mein Tod." Sohn Marc (45) ist heute selbst einer der besten Cuisiniers Frankreichs. Die Zusammenarbeit begann 1976, sie läuft fruchtbar. Längst sind es nicht nur Vater Pauls berühmte Klassiker, die die Gäste mit unermüdlicher Begeisterung nachfragen, das Lachssoufflet, die Froschschenkelmousseline, die Gänseleber in Brioche, den Hummer Prinz Wladimir. Ohne die Kreativität von Marc ist die Speisekarte der Auberge inzwischen ebensowenig zu denken. Viele seiner Schöpfungen sind ganz deutlich von der kulinarischen Sphäre des Elsaß inspiriert: die ganze im eigenen Fett gebratene Niere mit Pommes Pont

Der Maître als Maler: Das Aquarell auf der Speisekarte schuf Jean-Pierre Haeberlin.

Die Haeberlins Ill: Im Sessel Pa hinter ihm sein Jean-Pierre, d Pauls Tochter D und ihr Bruder

Direkt am Ufer der Ill versteckt sich die Auberge hinter mächtigen Weiden. In wenigen Schritten erreicht man das „Hôtel de Berges", das sich ebenfalls unter der Leitung der Familie befindet.

Längst zeigen viele Gerichte die Handschrift von Marc Haeberlin, hier sein Salat mit Kutteln, Gänseleber und dicken Bohnen.

Neuf, der Stör auf Sauerkraut, die Trüffel in der Kartoffelkruste; ein Gedicht auch Marcs Kuttelsalat mit Saubohnen und Gänseleber oder seine Birne in der Knusperhülle mit Eis aus Chicorée-Confit.

Mit Weinen begleitet diese Perlen der Kochkunst seit 27 Jahren einer der besten Sommeliers der Welt, Serge Dubs. Die Kreszenzenliste mit etwa 500 Positionen, konzentriert auf Frankreichs Regionen mit einem klaren Schwerpunkt von Elsässer Gewächsen bei den Weißweinen, demonstriert, was der 46jährige Weinpassionist unter einer lebendigen Weinkarte im Gegensatz zu einer toten versteht. „Mit einer lebendigen Karte biete ich Weine, deren Persönlichkeit ich kenne, von denen ich weiß, wie sie sich präsentieren, wie sie leben, die oft wechseln, die gar nicht so teuer sein müssen, über die ich mit den Gästen ins Gespräch komme. Eine tote Weinkarte leistet nicht mehr, als sich mit allen großen Namen zu brüsten, und das zu völlig verrückten Preisen.“

Ein fruchtbares Team: Vater Paul und Sohn Marc.

Marc ist in seiner Generation nicht das einzige Familienmitglied, das die Tradition der Haeberlins zielstrebig in die Zukunft führt, seine Schwester Danielle ist mit von der Partie. Sie betreut die Gäste im Restaurant, ihr Mann Marco Baumann führt das „Hôtel de Berges“, wenige Schritte von der Auberge entfernt, ebenfalls in romantischer Lage am Fluß. Marc und Danielle sind bereits die vierte Gastronomen-Generation. Die erste begann vor 150 Jahren an der Ill mit einem kleinen Landgasthof. In der dritten Generationenfolge wollte dann ein Haeberlin eigene Wege gehen, der Maler des Aquarells auf der Speisekarte: Jean-Pierre, der Bruder von Paul, dem großen Cuisinier. Jean-Pierre studierte an der Kunstakademie mit viel Erfolg, doch sein unübersehbares Talent zur Malerei fand zu Hause wenig Anklang, auch die Zeiten waren nicht eben günstig für eine Künstlerkarriere. Schließlich, nach dem Ende des Krieges, stand Jean-Pierre der Macht der Familie gegenüber. Bruder Paul erinnert sich lächelnd: „Unser Vater sagte zu ihm, so, jetzt mußt Du ernst werden und auch arbeiten.“ Jean-Pierres Reaktion entschied damals über die Zukunft der Auberge de l'Ill. Lehnte er sich auf, würde er mit Glück ein berühmter Maler. Er verzichtete. Der talentierte junge Künstler beugte sich dem Familieninteresse und begründete mit seinem Bruder im Jahr 1950 eine kulinarische Legende. Paul wurde zum Jahrhundertkoch, Jean-Pierre einer der großen Maîtres unserer Zeit.

Auch er garantiert ... tion in der Auberg ... l'Ill: Sommelier S... Dubs ist seit 27 J... Herr des Weink...

In der warmen Zeit nehmen Gäste den Aperitif gern am idyllischen Ufer der Ill.

Statt für seine eigenen Werke ein Publikum zu finden, präsentierte er die Kreationen seines Bruders und legte dabei eine Kunst der Kommunikation, der charmanten, geschliffenen Gästeumsorgung an den Tag, die ihm ebensoviel Beifall brachte wie Paul die Kunst am Herd. Die Anerkennung kam von höchster Stelle: Präsident Giscard d'Estaing verlieh den Brüdern Haeberlin gemeinsam den Verdienstorden der französischen Nation.

Auch Jean-Pierre steht heute noch mit seinen vierundziebzig Jahren in der Auberge auf dem Posten, und er malt noch immer, am liebsten die Ill. Er malt den Fluß seiner Heimat immer wieder, vom Ursprung bis zur Mündung, in zahllosen Motiven, und immer wieder schwimmen Boote im Fluß. Mit dem Heck sind sie am Ufer festgebunden, ihre Spitze zeigt in die Strömung.

Das Talent zur M scheint in der Fam liegen: Oben eine Jean-Pierres Aqua links ein Desse Auberge de l'Ill, in der Knusperhü Chicor

AU CROCODILE

Bevor wir auf unserer kulinarischen Sternenreise Frankreich verlassen, wollen wir noch einen letzten Halt machen und einer seiner schönsten Feinschmeckermetropolen Reverenz erweisen. Ins Elsaß haben uns schon die Haeberlins gelockt. Nun folgen wir der Ill bis zu ihrer Mündung in den Rhein und kehren in Straßburg ein, einer Stadt voll von Sehenswürdigkeiten, aber auch von gastronomischen Kleinodien. Wir wollen einmal, dem Sinn unserer Fahrt gemäß, die urigen elsässischen Winstub'n links liegen lassen und ein Haus ansteuern, das seit langem als bedeutendste Straßburger Gourmetadresse gilt.

Entstehung und Namen verdankt die gastliche Stätte einer Reise, die ungemütlicheren Zwecken diente als unsere, dem Ägyptenfeldzug Napoleons. Mit von der Partie, und zwar immer in nächster Nähe von General Klèber, war dessen Adjutant, der Kapitän Ackermann. Für ihn floß in den Krieg ein Wermutstropfen. Der junge Elsässer war leidenschaftlicher Jäger, und er kannte in den Vogesen entschieden reizvollere Jagdgründe als am Nil.

Doch Ackermann wußte sich zu helfen. Konnte er sich nicht mehr ans Wild der heimischen Wälder pirschen, lauerte er nun am Ufer des längsten Flußes der Welt dem Krokodil auf. Das Glück war ihm hold. Er erlegte eine Riesenechse, ließ sie ausstopfen und nahm sie mit nach Hause. In Straßburg in der Schlauchgasse (Rue de l'Outre) feierte er den Frieden mit der Eröffnung eines Gasthauses, hing das drei Meter lange Urviech hinein und nannte sein Lokal „Au Crocodile“. Dem Wirtshaus war der Zulauf sicher. Daß Küche und Keller auf ihrer Reise durch die Zeiten immer genauso attraktiv waren wie das sensationelle Tier, darf aber bezweifelt werden. Als Emile Jung das Haus kaufte, im Jahr 1971, war jedenfalls die Wirtschaft ziemlich runter. Das sollte sich dann schnell und gründlich ändern.

Emile Jung, seit 1971 Chef im Straßburger Crocodile, verstand sich schon immer als Cuisinier und Sommelier-Restaurateur zugleich.

Emile Jungs Reise nach Straßburg nahm wie die des Adjutanten Ackermann ihren Ausgang in den Vogesen, dort, in der Kleinstadt Masevaux, war Emile zu Hause. Der junge, damals schon namhafte Koch ließ aber den Umweg über Ägypten aus. Seine Karriere fiel in Friedenszeiten, sein Militärdienst war kurz und heimatzentriert. Zwar zog auch er nicht alleine aus, aber sein Klèber hieß glücklicherweise Monique, sie war seine angetraute Frau, gerade mal 30 Jahre alt wie er selbst und eine ungleich anziehendere Reisebe-

Festlichkeit g und heute: D gedeckte Tafe vor einer Jahr szene aus de 1874. Das C dile war damals ein be tes Gas

0 20 100 0
AD.GRISON
1874

gleitung als seinerzeit der General.

Der Charme von Madame trug, neben ihrer Ausbildung an der Hotelfachschule in Straßburg und in der Sternegastronomie, maßgeblich zum Erfolg des jungen Paares bei. Emile und Monique gingen als besternte Restaurateure in die elsässische Metropole. Sie hatten bereits gemeinsam Emiles elterlichem Betrieb, der Hostellerie Alsacienne in Masevaux, einen Macaron erkämpft, Monique als brillante Madame Maître d'hôtel, Emile als Chef.

Ein Ort für intime Genüsse: das kleinere der beiden Separées in der Béletage.

Die Fortune blieb den Jungs auch in Straßburg, in unmittelbarer Nähe der Place Kléber, treu. Sie machten das Wirtshaus mit der Echse zu einem der besten Restaurants Frankreichs. Schon nach drei Jahren gaben die Michelin-Tester zwei Sterne, der dritte krönte den Siegeslauf 1989. Der Weg an die Spitze der französischen Gourmetszene gelang natürlich nicht nur dank Madames perfekter und liebreizender Kompetenz als Gastgeberin. Monsieur Emile verstand es, dem Crocodile eine ganz persönliche Cuisine auf den Leib zu schneidern, eine Küche mit Wurzeln in der großen klassischen Cuisine française, eine Küche aber auch mit innovativen eigenen Akzenten.

Bis heute liest man aus der Speisekarte Neigungen heraus, die Emile Jung schon während seiner Lehr- und Wanderjahre kultivierte (sie führten ihn zu Bocuse nach Lyon ebenso wie in Pariser Sternehäuser): die Liebe zum Wein und zu so urfranzösischen Produkten wie der Foie gras. Die kunstvolle Zubereitung der Gänseleber hatte er unter anderem im Hause Artzner studiert, einer Hochburg des Stopfleber-Genusses, und die wiederholten Auszeichnungen, die er als Weinfachmann einfuhr (allein viermal kam der begehrte Grand Award des Wine Spectators für eine der umfangreichsten Weinkarten der Welt), zeigen, daß Emile Jung sich immer als Cuisinier und Sommelier-Restaurateur zugleich verstand und wie sehr er den Wein als „Genius der Küche" begreift.

Wenn im g Separée C schaften ge werden, ger bis zu v Gäste die s Atmos

Emile Jungs Küchenchef Laurent Huguet mit zwei Hummervariationen. In der Mitte: Hummer mit Erbsenschoten und Fadennudeln. Rechts: „Homard bleu" mit Püree von jungem Fenchel und Nizza-Oliven.

Das ist nicht zuletzt abzulesen an der speziellen Abteilung, die – neben der Weinliste, über 2000 Positionen, ein Drittel davon elsässisch – auch die Speisekarte stets für aktuelle, glasweise ausgeschenkte Kreszenzen führt. Das zeigen aber auch viele Gerichte. Sie führen vor, wie deliziös im Crocodile mit geistigen Flüssigkeiten gekocht wird, sehr fein etwa die naturell gegarte Gänseleber mit Gewürztraminergelee, das geschmorte Spanferkel mit Foie gras von der Ente auf Gelée de Vermouth oder das Rinderfilet in Rotwein aus Volnay, delikat dazu das Gratin von Spinatsprossen und Spargelspitzen. Köstlich natürlich auch, was aus Flüssen und Meeren auf den Teller kommt, allein die Hummervariationen sind stets Erlebnisse.

Die Ambiance hat sich gründlich verändert seit Kapitän Ackermanns Zeiten. Dezente Eleganz empfängt das Publikum heute, mit großer Stilsicherheit eingesetzt, warme Cognac- und Sonnengelb-Töne breiten sich aus, mit Silber, Blumen und Kristall tritt festliche Tafelkultur auf, von den drei Speiseräumen im Parterre bis zu zwei entzückenden Separées in der Béletage für private Gesellschaften.

Die alte Trophäe hielt man dagegen zu allen Zeiten in Ehren, als Wahrzeichen und Glücksbringer. Vor der Fassade hängt es in Bronce geschmiedet, im Entree schwebt es ausgestopft über den Köpfen der Gäste, heute wie einst, Adjutant Ackermanns imposantes Krokodil vom Nil.

Links …
Der Patron un…
reizender M…
Madame Mo…
Jung. Dav…
Kroko…
Napoleons Z…

GUALTIERO MARCHESI

Gualtiero Marchesi ist der Grandseigneur der feinen kreativen Küche Italiens. Er war fünfundzwanzig Jahre alt, als er mit seiner „Cucina d'avanguardia" der Konvention am Herd den Kampf ansagte und sich zum Pionier der schöpferischen italienischen Kochkunst machte. Fünfzehn Jahre lang war sein Restaurant in Mailand ein Mekka moderner mediterraner Gourmandise, von den Kritikern mit überragenden Noten bewertet, vom Publikum gefeiert. Dann, plötzlich, sagte Marchesi Mailand Ade. Er verließ die flirrende, modeverrückte Metropole Norditaliens und zog aufs Land. Warum? Was bewog den Gourmet-Star, einen der heißesten Spots seiner Heimat aufzugeben und ein neues Restaurant in Franciacorta zu eröffnen? Wir stellten Gualtiero Marchesi die Frage dort, wo er seither seiner Kunst nachgeht, in Erbusco, einem kleinen Ort zwischen Brescia und Bergamo. Die Antwort des agilen Endsechzigers war kurz: „Bitte, schauen Sie doch!"

Wir verstanden schnell. Marchesi hatte uns in sein Restaurant geführt. Er stand vor der langen Fensterfront, uns zugewandt. Hinter ihm öffnete sich ein Blick, der Beschauer ins Träumen kommen läßt. Am Horizont die Alpen. Unmittelbar aus dem blauen Band des Lago d'Iseo, eines der fünf großen Seen der Lombardei, ragen die Corna dei Trentapassi hoch. Der Fjord des Camonica-Tals schneidet in die Adamello-Kette ein. Mitten aus dem See steigt 400 Meter hoch die Insel Montisola auf, die größte Seeinsel Europas. Davor liegt auf einem schmalen Streifen Erbusco, und der Hang hoch zum Haus schickt seine Baumwipfel über den Fensterrand. Das Wäldchen wurde von Menschenhand gepflanzt, die Italiener nennen so ein Waldstück Albereta.

Schon dieser idyllische Blick nach Norden weckt genug Verständnis dafür, daß ein Städter, der in einer der angesagtesten europäischen Businesszentren alles erreicht hat, sich schließlich dem Zauber der Natur ergibt. Doch der See mit seinen romantischen Ufern zeigt beileibe nicht alles, was Franciacorta zu bieten hat. Weinliebhaber kennen sich aus. Das kleine Gebiet in der Provinz Brescia am Südufer des Lago d'Iseo hat sich mit seinen qualitätvollen moussierenden Kreszenzen,

Ein berühmtes Gericht: Riso e Oro. Das Blatt in der Mitte ist aus 24karätigem Gold.

Gualtiero Ma… der Doy… innovativen … Italiens, in … Restau… Franci…

Die Locanda L'Albereta mit ihrem Restaurant Gualtiero Marchesi liegt mitten im Weinland Franciacorta. Unmittelbar vor dem Haus: die Rebgärten des Weingutes Bellavista.

ausgebaut nach der Méthode champenoise, in den letzten Jahrzehnten zum attraktiven Rebland gemausert. Einer der besten Erzeuger dort ist das Weingut Franciacorta Bellavista. Der Besitzer, Multiunternehmer Vittorio Moretti, hat mitten in seinen Weinbergen ein altes lombardisches Herrenhaus in ein entzückendes Landhaushotel verwandelt. Er nannte es nach dem Wäldchen am Hang Locanda L'Albereta, und er konnte seinen alten Freund Gualtiero Marchesi dafür gewinnen, in dieser Locanda sein neues Restaurant zu eröffnen.

Marchesi genießt also mit seinen Gästen nicht nur die Schönheit des italienischen Alpenvorlandes. Er bietet den Fans seiner Küche ein Erlebnis dazu, das die Lust am feinen Speisen schon immer erhöhte, die intime Nähe zum Wein. Wer in der Locanda L'Albereta wohnt, und das tun natürlich viele, die zum Ristorante Gualtiero Marchesi reisen, der hat das fruchtbare Rebland direkt vor Augen. Am schönsten ist das Panorama der Bellavista-Suite, sie nimmt den ganzen dritten Stock des alten Turmes ein. Die sonnigen Lagen des Moretti-Weingutes ziehen sich vom Garten der Locanda nach Süden bis auf die Hänge des Monte Orfano hinauf, des „verwaisten Berges". Er bildet die letzte Anhöhe vor der Po-Ebene. Durch die Chardonnay-Zeilen gleich neben dem Turm führt ein Fußweg zum Weingut Bellavista. Marchesis Gäste sind zu Degustationen stets willkommen. Die edlen Tropfen von Franciacorta Bellavista haben maßgeblich zum hervorragenden Ruf des Weinlandes beigetragen. Moretti und sein Önologe Matti Vezzola stellen exzellente Schaumweine her, von der Standardqualität Franciacorta Bellavista Cuvée Brut (assembliert aus Chardonnay, Pino nero und Pinot bianco) über einen feinen Blanc de blanc (also aus 100 Prozent Chardonnay: die Gran Cuvée Satèn mit ihrem eleganten femininen Charakter) bis zu den feinen Jahrgangs-Kreszenzen der Gran Cuvée Pas Opéré. Sie wird ohne Dosage, also ohne Süßung nach der Kellerreife, abgefüllt, ihr 91er Millesime etwa wurde vom Guida dei Vini d'Italia hoch ausgezeichnet.

Selbstverständlich kann man bei Bellavista auch die Weine von Morettis zweiter Cantina verkosten. Sie heißt Contadi Costaldi und wurde 1991 in Adro, unweit von Erbusco, gegründet. Martino de Rosa, Vizepräsident der Terra Moretti Holding Group und Morettis Schwiegersohn, war verantwortlich für Planung und Durchführung des Projekts. Er baute dafür eine ehemalige Ziegelfabrik zu einem hochmodernen Weingut um. Die alten Tunnelröhren eigneten sich ideal für die Lagerung und Reifung der Weine. Direktor Mario Falcetti ging von Anfang an daran, aus den Weinlagen aller zwanzig Bezirke Franciacortas die besten Trauben zu wählen und daraus Schaumweine zu produzieren, die sich durch hohe Qualität, zugleich aber auch durch ein vorzügliches Preis-Leistungs-Verhältnis empfehlen.

In den Fässern von Bellavista Franciacorta reifen Weine, die sich später nach der Méthode champenoise in exzellente Schaumwein-Cuvées verwandeln.

Das Thema V… auch im Res… präsent: D… Fresco an d… seite alle… den W…

Die Hausherrin der Locanda L'Albereta, Carmen Moretti de Rosa, mit ihrem Mann Martino de Rosa.

In der Turmsuite haben Gäste ein herrliches Panorama. Es reicht vom Lago d'Iseo und den Alpen bis zum Monte Orfano, der letzten Erhebung vor der Po-Ebene.

Vittorio Morettis älteste Tochter, Carmen Moretti de Rosa, leitet die Locanda Albereta. Die Hausherrin sorgt dafür, daß sich ihr Publikum rund um den Genuß von Marchesis ambitionierter Cuisine in Ambiancen wohl fühlt, die viel vom Charme alter lombardischer Landresidenzen bewahrt haben. Der historische Kern der Albereta geht auf ein Herrenhaus aus dem 19. Jahrhundert zurück. Auch wenn das gastliche Domizil seine 44 abwechslungsreich geschnittenen Zimmer und Suiten, seine Badelandschaft, seine Bankett- und Konferenzfaszilitäten mit zeitgemäßer Exklusivität präsentiert, freuen sich Gäste immer wieder über den nostalgischen Reiz der Atmosphäre. Wunderschön das original erhaltene, rot-weiße Schachbrettmuster an den Wänden der Sala Scacchi, einem behaglichen Separée mit antikem Kamin, sinnig das raumhohe Fresco an der Stirnseite des Restaurants Gualtiero Marquesi. Die kunstvolle Arbeit von Gerolamo Calca zeigt eine Allegorisierung des Weinbaus.

In solcher Umgebung, einem kulinarischen Ruhepol für ihn selbst und seine Besucher, kocht heute Gualtiero Marchesi. Die Art, seine Kunst zu üben, zeigt freilich noch immer nicht das geringste Ruhebedürfnis. Experimentierfreudig wie eh und je, selbstbewußt und unbeeindruckt vom wechselnden Verständnis der Kritik spürt der Doyen der italienischen Alta Cucina seinen Inspirationen nach. Davon waren die hohen Herren des Guide Michelin elf Jahre lang so beeindruckt, daß sie Marchesis Cuisine ihrer höchsten Auszeichnung, des Sterne-Drillings würdig fanden. Dann hielten sie für angebracht, einen Stern zu streichen. Der Meister quittiert die Rückstufung mit feinem Lächeln. „Meine Küche ist eine Küche mit Kopf, und sie geht weiter nach vorne, auch wenn das Leuten manchmal schwer zu erklären ist. Einer hat es nicht verstanden und hat mir den dritten Stern genommen. Das verstehe nun ich nicht. Dabei fällt mir ein, ich habe in Mailand ein Geschäft eröffnet, in San Pietro all'orto, mit Produkten von mir, mit Weinen, Tafelgeschirr und mehr; und dort lehre ich auch die Kunst der Degustation."

Trompe-l'œil-Malere ziehen sich durch d ganze Locanda.

Franciacorta, Landschafts-Juwel der Lombardei.

Marchesi ist bis heute seinem Wahlspruch treu geblieben: „Ich liebe die Kontraste, und ich liebe die Provokation.“ Schon vor zwei Jahren, an seinem siebenundsechzigsten Geburtstag, unterhielt uns dieser so jugendliche Provokateur mit einem kulinarischen Countdown zur Jahrtausendwende. Thema war einer seiner Klassiker. „Schaun Sie, das Filetto Rossini alla Marchesi. Ich nehme schon heute kein Beef dafür. Rind ist rotes Fleisch, sein Geschmack hat nichts zu tun mit Foie gras, Sie verstehen? Deshalb nehme ich Kalb. Und im Jahr 2000 nehme ich auch kein Kalb mehr. Dann nehme ich Schwein. Sein Fleisch ist süßer und kompakter. Phantastisch!“

Delikatesse für Seafood-Fans: Offener Raviolo mit Jakobsmuscheln und Seezunge.

Spannend, Marchesis Menü-Philosophie. Seine großen Speisefolgen sind ein Erlebnislauf, den man sich oft ohne Ende wünscht. Daß sich Gäste auch nach dem sechsten oder siebten Gang noch keineswegs gefüllt fühlen, hat seinen Grund im Menü-Aufbau. Der japanische Maler Hsiao Chin hat Marchesis Geheimnis einmal für die Speisekarte ins Bild gebracht, einen bunten Turm aus luftig übereinandergesetzten, schrägen Pinselstrichen. Auf eine kraftvolle Farbe folgt immer eine zarte. So komponiert Marchesi seine Menüs. Er baut keine gradlinige Steigerung auf, die Gänge oszillieren. Auf ein gehaltvolles Gericht folgt ein schlanker Gang, auf Spannung Entspannung. Marchesi erfindet Menüs, die atmen und – Menüs mit wunderbaren, manchmal wirklich verrückten Gerichten. Den Hummer in Rotweinsauce bezeichnet er selbst als seine Passion, sein offener Raviolo mit Jakobsmuscheln und Seezungenfilet ist ein Kompliment an jeden Feinschmeckergaumen, und der berühmte Riso e Oro tritt natürlich als geschmackliches und zugleich optisches Gedicht auf. Der Reis hat den Farbstoff des Tintenfischs aufgesaugt. In der Mitte seines schwarzen Kreises liegt, mit der Spitze zum Esser, ein Quadrat aus 24karätigem Gold auf. Dabei drückt sich in der hauchdünnen Folie die Struktur der Reiskörner ab. Das Gold selbst hat beim Essen keinen Geschmack, aber es bleibt als feines Bild – für die Kostbarkeit hoher Küche und für den Stolz eines großen Kochs.

Der Charr… Herrenhaus… dem 19. J… dert wurde i… naler Sc… bewahrt, h… Schachbret… der Sala Sc…

SCHOLTESHOF

Roger Souvereyns ist ein Meister der Szene. Es lohnt sich, etwas früher zu kommen und vor dem Essen durch seine Gärten zu spazieren. Sie breiten sich über elf Hektar wie der Fundus eines riesigen Naturtheaters aus, aber wie ein Fundus, der nicht einzelne Versatzstücke hortet, Bäume, Sträucher, einen Weiher, sondern ganze gärtnerische Szenenbilder: reizvolle geometrische Grundrisse aus kniehohem, beschnittenem Buchsbaum, durch die man wie von einem Zimmer ins andere wandert; einen Weingarten mit 1000 Rebstöcken (der Patron spielt selbst den Winzer); eine Ahorn-Allee, eine Orangerie; eine Teichszene mit quakenden Fröschen und watschelnden Barbarie-Enten, mit Lavendelbeeten, Pavillons unter Birken und Weiden; oder ein mannshohes grünes Heckenlabyrinth, in seiner Mitte wartet auf die Wegesuchenden Dionysos, der Gott der Bäume, der Fruchtbarkeit und des Rausches.

So ein Gang durch Grün und Blüten stimmt gut ein auf die Vorstellung, die der flämische Zwei-Sterne-Koch im Restaurant gibt. Es liegt im Herzen des Scholteshofs, einem Backsteingebäude, das sich um einen kleinen Innenhof zieht und dessen Teile aus dem 17. und 18. Jahrhundert stammen. Der Scholteshof war einst die Amtswohnung des Schultheiß von Stevoort, einem kleinen Landstädtchen in der belgischen Provinz Limburg. Roger Souvereyns, der jetzige Hausherr, wurde auf einem Bauernhof groß, der keine 20 Kilometer von dem dörflichen Ort entfernt lag, in dem er heute sein Publikum empfängt.

Es gibt natürlich unter dem Sternenhimmel, der unsere kulinarischen Begegnungen beschirmt, keine Speisestätte, die ohne Inszenierung auskäme. Jede zielt mit ihrem Interieur, mit vielen effektvollen Details auf eine besondere Atmosphäre, einen eigenen Erlebnisraum. Aber es dürfte keinen zweiten Gourmet-Treff geben, der das Restaurant-Theater unverhüllter und zugleich gewitzter vorführt als der Scholteshof. Hier wird die Küche selbst zur Bühne, und die Gäste an den Tischen sitzen wie im Zuschauerraum. Zwei hölzerne Säulen und ein langer Querbalken – hell lackiert, damit sie zum Safrangelb der

Gemüse-Ravioli mit Carpaccio vom Kabeljau und Petersilien-Sabayon: Die Fruchtbarkeit seiner Gärten prägt Roger Souvereyns' Küche.

Der S
„Keuken-Resta
Roger Souvere
seinem H
dem 18. Jahrh

Im Scholteshof residierte einst der Schultheiß von Stevoort.

Wände und Tischdecken passen – bilden an der Stirnseite des kulinarischen Raumes einen Guckkasten. Die Szene dahinter zeigt Roger Souvereyns' Küche, und das ist keine Küche, in der Ceran-Felder und Edelstahlflächen blitzen (ohne sie kommt auch der Scholteshof nicht aus, man verbirgt sie aber geschickt auf der Seitenbühne), das ist eine Küche wie auf Roger Souvereyns' Gemälden alter flandrischer Meister. Die Zuschauer haben ein Bild vor Augen, das sie in eine vergangene Zeit entführt: ein großer gußeiserner Herd, fast 200 Jahre alt, aus einem Jagdschloß bei Namur; Arbeitsflächen aus Naturstein auf einem alten Fleischerblock und auf einem geschnitzten ehemaligen Ladentresen vorne an der Rampe; aus dem Himmel hängt Kupfergeschirr; hinten stehen auf einem Bord irdene Vorratskrüge, kurz: es könnte die Küche des alten Schultheiß von Steevoort sein, sie stellt das Bühnenbild. Vorhang auf also für den Star dieser nostalgischen Szene, für Roger Souvereyns, den heutigen Chef im Scholteshof. Er führt mit seinen Köchen in virtuoser Choreographie die Kunst auf, Haute Cuisine zu zelebrieren.

Moderne Küche mit nostalgischem Flair: Ragout von der Taube mit Foie Gras und hausgemachter Aprikosenkonfitüre.

Doch man sieht bald, es hält den Meister nicht auf der Bühne. Er mischt sich unters Publikum, fragt hier und dort mit gespanntem Lächeln, wie es schmeckt, dirigiert an einer langen Tafel den Auftritt einer gigantischen Dessertvariation, 60 Tellerchen mit süßen Köstlichkeiten, sechs für jeden Gast, und selbstverständlich hat Roger Souvereyns da eigentlich die Illusion gebrochen, hat er die Grenze zwischen Bühne und Zuschauerraum aufgehoben. Aber nur, um im gleichen Moment seinen eigentlichen Clou zu landen. Denn unversehens ist das ganze Restaurant zur Bühne geworden, ein verführerischer Erlebnisraum. Die Tafelnden verwandeln sich selbst in Spieler, gepackt von der genußvollen

Blick aus den
auf die gl
Ora

Roger Souvereyns liebt alte flämische Meister, hier das Motiv seiner Speisekarte.

Rolle: Gast zu sein in der nostalgischen Küche des Schultheiß und bewirtet von einem brillanten Protagonisten, der den Koch spielt wie sein Leben.

Roger Souvereyns' Cuisine schafft eine Verbindung beider Erlebnis-Sphären des Scholteshofs, des Natur-Fundus, den er in seinen Gärten kultiviert, und des kulinarischen Spielraums. Der belgische Meisterkoch baut so viel Blüten, Kräuter (85 verschiedene Sorten), Gemüse und Obst an, daß er sich viele Monate im Jahr selbst versorgen kann. Das prägt seinen Stil, gibt seinen Kreationen einen deutlich vegetabilen Akzent. Dazu kommt eine unendliche Lust am Spiel mit Aromen, präsentiert mit Erfindungen wie einer Creme von grünen Erbsen mit marinierten Jakobsmuscheln und Kaviar, einem Duo von Foie gras mit Löwenzahngelee, einem pochierten Kabeljau in Traubenjus mit Marc de Bourgogne und Holunderbeeren.

Wer sich das Vergnügen macht, im Scholteshof auch zu wohnen (es gibt 17 Zimmer und zwei Appartements), der genießt den erlesenen Geschmack, den der Hausherr beim Gestalten von Räumen zeigt, nicht nur in der bukolischen Szenerie seines „Keuken Restaurants", sondern auch in privater Atmosphäre. Wie hübsch etwa die Orangerie-Suite, eine Maisonette, die deshalb so heißt, weil sich ihr Balkon in eine echte Orangerie öffnet. Und mit Glück trifft man den Genius vom Scholteshof dann auch mal hinter den Kulissen an. Da arbeitet er vielleicht gerade als sein eigener Requisiteur, bindet frisch gezupfte Gartenkräuter zum Bukett und plaziert das schmucke Detail noch schnell auf dem antiken englischen Sideboard im Flur. So, und dann kann die Vorstellung aufs neue beginnen.

Die Küche sich wi Guckkasten zum Resto

Ein Plätzch im Süd Oranger

RAYMOND BLANC

Der Guide Michelin, dessen prominenten Speiseempfehlungen wir hier nachspüren, versteht sich als Führer für Menschen, die auf Reisen sind und dabei gerne gut essen und wohnen wollen. Jetzt gibt es natürlich längst eine Gilde von Feinschmeckern, die den Spieß umgedreht und das „dabei" zur Hauptsache gemacht haben. Das Speisen unter besternten Dächern ist selbst zum Zweck ihrer Reisen geworden. Sie planen ihre Routen nach den Sternen auf den Michelin-Karten. Was sich nun „dabei" oft ereignet, vorausgesetzt, man blickt mit offenen Augen in die Welt, nehmen viele der fahrenden Lukullus-Jünger als willkommenes Zubrot. Sie lernen Land und Leute kennen und machen sich Europas schönste Regionen vertraut.

Glücklich etwa, wer sich vom Vorurteil freigemacht hat, daß sich Gourmets jenseits des Ärmelkanals in einer kulinarischen Diaspora wiederfänden. „Es ist nicht mehr wahr", schreibt Raymond Blanc in seinem Buch ‚Rezepte vom Le Manoir aux Quat' Saison', „Sie müssen nicht, wenn Sie in Großbritannien gut essen wollen, dreimal am Tag frühstücken!" Über die Insel zieht sich heute ein Netz feinster Adressen, für Gaumengenüsse ebenso wie für die Lust an stilvoller Wohnlichkeit.

Einer der besten Köche Englands: der Franzose Raymond Blanc.

Angenommen, Sie wollen dieses reizvolle Gewebe aufrollen und fangen, was aus kontinentaler Sicht naheliegt, an der Kanalküste an. Sie werden beim Essen eine der schönsten Kulturlandschaften des Vereinigten Königreichs entdecken, den Süden Englands. Der herausragende Cuisinier dort, viele halten ihn für den besten der Insel, ist Raymond Blanc, der Autor des erwähnten Buches (*Recipes from Le Manoir aux Quat' Saisons, ISBN 0-316-90817-7*), und Europa als Land der offenen Grenzen entschärft zweifellos die Kuriosität, daß einer der prominentesten britischen Köche Franzose ist.

Raymond Blanc kam 1972 ohne jede Küchenausbildung nach England. Er blieb auch danach Autodidakt. Das hinderte ihn nicht daran, drei Jahre später die Position des Küchenchefs im Restaurant The Rose Revived an der Themse einzunehmen und nach weiteren zwei Jahren in Oxford sein erstes eigenes Restaurant zu eröffnen. 1983 verliebte er sich, wie er selbst erzählt, in das alte Manor House des nahen Dorfes Great Milton. Er zog ein, verwandelte das jahrhunderte-alte Herrenhaus in eines der schmucksten

Ein Juwel un
südeng
Country
Hotels: Le
aux Quat' S

Was hier aussieht wie ein schlichter Cappuccino, entpuppt sich beim ersten Löffel als verführerisches Dessert: Le Café Crème.

Landhausrefugien Südenglands und brachte seine Küche in kürzester Zeit zu brillantem Renommée. Le Manoir aux Quat' Saison ist das einzige Country House Hotel Großbritanniens, dessen Restaurant seit fünfzehn Jahren kontinuierlich mit zwei Michelin-Sternen ausgezeichnet wird.

Köche, die sich ihr Können selbst beigebracht haben, sind rar in der Sternenzunft. Es versteht sich, daß sie den Gipfel nicht erreicht hätten, wenn sie nicht mit der gleichen handwerklichen Perfektion agieren würden wie ihre durch große Meister geschulten Kollegen. Zusätzlich aber bauen sich die Autodidakten mit ihrer unerschütterten Konzentration auf die eigene Schöpferkraft oft einen ganz besonders dichten, persönlichen Kosmos auf. „Ich bin Autodidakt, und ich bin stolz darauf", betont Raymond Blanc. „Was mir fehlen mag, weil ich ohne einen Meister war, der mich geführt hat, das habe ich durch anderes erreicht: durch den Genuß der Freiheit, meiner eigenen Neugier zu frönen. Ich setze alles daran, durch Komplexität Einfachheit zu erreichen, Freiheit durch Beschränkung, Harmonie durch Widerstreit. Was mich aber am meisten motiviert, ist der Fortschritt eines Gerichts von der ursprünglichen Idee zu seiner Zubereitung und Präsentation, und dann das Glücksgefühl meiner Gäste."

Raymond Blanc ist ein Meister der Aromen und des Geschmacks, zugleich ein perfekter Techniker. Er bietet im kleinen südenglischen Dorf Great Milton moderne französische Cuisine mit ausgesprochen individuellem Zugriff; und er kocht, soweit es seine Kompositionen zulassen, mit englischen Produkten. Sein Interesse an der Fruchtbarkeit der Region mußte in den Anfängen schwere Schläge nehmen. Die bäuerlichen Produzenten zeigten kein Verständnis für die kompromißlosen Qualitätsansprüche, die feine Küche an ihre Zutaten stellt. Da wurde Raymond Blanc zu einem jener Pioniere, die nicht nur Englands Gourmandise am Sternenhimmel verankerten, die vielmehr auch in unermüdlicher Erziehungs- und Aufklärungsarbeit ihre Lieferanten und Produzenten zu dem Gütebewußtsein brachten, mit dem sie heute in England anbauen, fischen oder züchten.

Die Freude an der Schöpfungsfülle, die jede Jahreszeit ganz eigen für sich ausschüttet, war dabei ein ständiger Antrieb, und wie so viele Freuden, hatte auch diese ihre Quelle in der Kindheit. „Ich wuchs in einem kleinen Dorf auf. Dort ging ich um vier Uhr morgens in die Wälder, Pilze suchen. Ich verbrachte zauberhafte Nächte auf der Jagd nach Fröschen, oder sonnige Nachmittage mit Wildblumenpflücken, Schneckensammeln oder Forellenfischen. Aber ich war in dem Alter überhaupt nicht interessiert daran, die Früchte meiner Abenteuer zu kochen. Ich genoß nur den Thrill der Jagd. Wie auch immer, diese Jagden machten mir den Wechsel der Jahreszeiten bewußt, ich erfuhr, daß jede ihre ureigenen Aromen, Farben und Geschmäcker bot, und sie lehrten mich den Respekt vor der Harmonie und den Kontrasten jeder Jahreszeit. All das hatte später einen vehementen Einfluß auf die Entwicklung meiner Kochideen."

Die Saison als Programm prägt nicht nur den Namen des Manoir aux Quat' Saison, des Hauses zu den Vier Jahreszeiten, sie blüht natürlich auch in den Gerichten. Selbstverständlich ist der Bezug auf die aktuelle Jahreszeit heute ein allgemeines Merkmal hoher Cuisine. Aber es ist schon ein besonderer Genuß, der delikaten Melange nachzuschmecken, die Raymond Blanc mit französischem Stil, regionalen Produkten und saisongenährter Inspirati-

Ergeb jüngsten Re rungs- und E rungspha Restau Winterg

Das Herrenhaus aus dem 15. Jahrhundert entfaltet auf den Zimmern verträumten englischen Landhausstil.

on anrührt. Bon appétit also zur Suppe von hausgeräuchertem Kabeljau und heimischen Austern in Zitronensabayon; zum Kotelett vom Milchkalb in seinem Gar-Jus mit Gemüsen der Saison; zu gebratenen Seeteufel-Medaillons im Senf-Jus und Jakobsmuscheln aus der Pfanne an Topinambur-Creme, oder zu einer maisgefütterten Taube in der Salzkruste mit ihrem eigenen Saft und gebratener Foie gras.

Aber blicken Sie auch vom Teller auf! Schauen Sie sich ein bißchen um, hinaus durch die raumhohen Fenster des Wintergartens, in dem Sie sitzen. Er ist an ein wunderschönes Manor House aus dem 15. Jahrhundert gebaut. Es steht in Great Milton, einem verträumten Dorf, das ganz typisch ist für die Cotswolds, und die Cotswolds Hills bilden eine der zauberhaftesten Landschaften im Süden Englands. Die Region beginnt nördlich von Bath, dem berühmten Bäderort, und zieht sich hinauf bis Chipping Campden. Die Cotswolds sind ein Hügelland, das als „Area of Outstanding Natural Beauty“, als Gebiet von hervorragender Naturschönheit ausgewiesen ist. In der herrlichen Wanderregion streift man durch weite Buchenwälder und über Weiden auf sanft geschwungenen Hängen, die über und über mit Schafen gesprenkelt sind. Die Schafzucht, von den Klöstern im Mittelalter begonnen, und der Wollhandel haben die Cotswolds wohlhabend gemacht. Die schmucken Dörfer und Städte sind voller Sehenswürdigkeiten, darunter finden sich wie überall in Südengland die schönsten Landschaftsgärten und Country Houses. Viele dieser erhabenen Baulichkeiten haben als gastliche Domizile ihre Schönheit in die Gegenwart gerettet und stiften englische Idyllen wie aus dem Bilderbuch: Jahrhundertealte Herrenhäuser im milden Sonnenlicht, halbhohe Feldsteinmauern, die Rosen- und Küchengärten schützen, Parkland und sanft steigende Hügel, getönt in saftig schillerndes Grün, heitere Eleganz, feine Küche – das sind Ingredienzien eines idealen Country House Hotels. Le Manoir aux Quat' Saison ist eines seiner schönsten. Seine Gesellschaftsräume, seine 19 luxuriösen Zimmer und Suiten präsentieren ganz eigenen Charme. Das liegt nicht zuletzt am Design von Emily Todhunter. Sie kreierte im jahrhundertealten Manor House einen harmonischen Stil aus bewahrter Vergangenheit und phantasievoll gestalteter Gegenwart.

Dazu verschrieb Patron Raymond Blanc seinem Landsitz vor kurzem ein millionenschweres Erneuerungs- und Erweiterungsprogramm. Der Wintergarten entstand, der jetzt das Restaurant birgt, ein Bankettsalon mit eigener Küche, eigene Räume für M. Blancs Kochschule, ein neuer Hof mit weiteren neun Zimmern.

Und wie es sich gehört für ein echtes englisches Landhaus, fällt der Blick überall auf romantische Gartenarchitektur. Es gibt Wassergärten im Stil des 17. Jahrhunderts, sie integrieren Teiche, die Mönche noch ein Jahrhundert früher angelegt hatten. Man spaziert durch einen original japanischen Teegarten; und wie könnte bei Raymond Blanc der Küchengarten fehlen: 75 Gemüsesorten und 15 verschiedene Kräuter gedeihen in den Beeten. Wie wunderbar, hier im Freien, in so phantasievoll gestalteter Natur, an einem sonnigen Nachmittag den Genüssen eines erlesenen Lunchs nachzusinnen. Dabei fallen vielleicht die ersten bunten Blätter von den Bäumen, oder an ihren Zweigen grünen die ersten frischen Knospen. Wildbewachsene Fassaden reihen sich unter spitzen Giebeln aneinander, frischerblühte Rosen umranken die alten Mauern.

Köche wie Ra Blanc haben E für Feinsch attraktiv ge Hier seine fütterte Taube Sal

ANTON MOSIMANN

Das Dorchester, neben Grandhotels wie dem Savoy, dem Ritz, dem Claridge's eine der ersten Luxusadressen Londons, wurde mit Anton Mosimann auch zu einer glanzvollen Attraktion für Gourmets. Der brillant ausgebildete Cuisinier aus der Schweiz war 28 Jahre alt, als er kam. Ein Jahr später trat er die Nachfolge von Eugène Käufeler an, der die Geschicke der Dorchester-Küche ein Vierteljahrhundert in Händen hatte. Nach weiteren zwei Jahren hatte das Dorchester mit Mosimann einen Sternekoch, und vier Jahre später konnten Londonreisende, die den Guide Michelin zu Rate zogen, neben dem Symbol mit den fünf Türmchen („Großer Luxus und Tradition") schon zwei Macarons zur Kenntnis nehmen. Die Nobelherberge in Mayfair präsentierte stolz das einzige Hotelrestaurant außerhalb Frankreichs, das zwei Michelin-Sterne trug. Sein Terrassenrestaurant und der Grillroom waren begehrte Ziele der internationalen Feinschmeckergemeinde geworden.

Anton Mosimann hatte den Küchenstil rigoros geändert. Unter ihm wurde nicht nur leicht und frisch gekocht. Der qualitätsbewußte Schweizer arbeitete an der Park Lane seine kulinarische Handschrift zur vielgerühmten „Cuisine naturelle" aus. Noch heute erklärt er sie nicht ohne Engagement. „Essen Sie eine Jakobsmuschel frisch und roh aus der Schale, und Sie genießen den Eigengeschmack perfekt, die leichte Süße, die wunderbare Textur. Und dann im Restaurant! Zu neunzig Prozent ist sie überkocht, hat eine Konsistenz wie Radiergummi, ist in Butter, Sahne und Alkohol untergegangen. Ich bekam den entscheidenden Schub für meine Cuisine naturelle in Japan, durch die asiatischen Garweisen, die ohne Fettstoffe und ohne Alkohol auskommen. Da wußte ich: Man darf nur sowenig wie möglich machen. Die Kochkunst muß zurück zur Natur. Denken Sie an Ikebana. Alles Einfache ist schön und alles Schöne ist einfach."

Anton Mosimann war dreizehn Jahre lang der Star des Dorchester. Dann war die Gelegenheit, seine

Er war früher c… des Dorcheste… empfängt er Kö… seinem eigene… Anton Mo…

Die Kunst des Anton Mosimann – handsigniert.

Kunst zu erleben, vorbei. Die Konstellation hatte sich verändert, das Sternenfenster war geschlossen, der Star unerreichbar geworden.

Heute findet der Guide-Michelin-Leser neben den fünf Türmchen des Dorchester keine Sternzeichen mehr. Es gibt auch unter der Rubrik für den eleganten Stadtteil Belgravia keinen Eintrag für das „Mosimann's“, die neue Wirkungsstätte des lukullischen Eidgenossen, obwohl der Einlaß heiß begehrt ist. Anton Mosimann hat sich der europäischen Feinschmeckerszene entzogen und damit auch der öffentlichen Kritik.

Sein Motto gilt sicher immer noch: „Wenn man Koch ist, widmet man sein Leben der Freude und dem Vergnügen der Mitmenschen.“ Ihr Kreis ist freilich sehr exklusiv geworden. Anton Mosimann hat einen Club aufgemacht.

„Der Beruf des Kochs verlangt einen aufrichtigen Charakter und eine beinahe heilige Hingabe an die Aufgabe“, schreibt er in seinem Bildband „Die Kunst des Anton Mosimann“. Ein Hauch von Heiligkeit ist auch aus seiner neuen Wirkungsstätte nicht wegzuleugnen. „Mosimann's“ Club hat sich eine ehemalige Kapelle der schottisch-presbyterianischen Kirche zur Heimstadt erkoren. Gäste lunchen und dinieren im edel parkettierten Parterre des hohen Kirchenschiffs, auf der Galerie sind Bar und Weinkeller eingerichtet. Schmale, bleiverglaste Spitzbogenfenster streben auf, von ihnen und der Rosette im Giebel perlt sanftes Licht auf das Publikum herab. Der Reiz des Interieurs zeigt sich im „Mosimann's“ ungebrochen bis zur Damentoilette, einem Boudoir in Altrosa mit schweren gerüschten Vorhängen, luxuriös bestückt mit Parfums, Haarsprays, Mineralwasser, Telefon und mit knisterndem Feuer im Kamin. Auf den Stockwerken hinter der ehemaligen Kirchenhalle steigen separate Salons auf, bis unter die verglaste Kuppel des Kirchturms mit freiem Blick in den Himmel. Sie heißen nach den Sponsoren ihrer Interieurs „Wedgwood“ oder „Veuve Clicquot“. Da speist man noch unberührter von der Welt.

„Mosimann's“ C
speisen im S
einer ehema
Ki

Einer der Salons hinter der Kirchenhalle. Durch die Spitzbogenfenster blickt man hinunter ins Restaurant.

Wörtlich genommen: Der Koch und seine Gerichte aus dem Blick des Karikaturisten.

In solcher Ambiance hat sich Anton Mosimann seinen Wunsch erfüllt: „Nur noch für Freunde zu kochen, für Leute, die ich kenne und gern habe, das war mein Anliegen.“ Hier kocht er für die Queen, Prinz Philip und den Prinzen von Wales, für Ivana Trump und Sir Peter Ustinov, für Diplomaten, Politiker, Bankiers und Ölkönige. Über sie kann er eine hübsche Geschichte erzählen: „Einmal war auch wieder ein Ölkönig da, aber ich konnte ihn nicht begrüßen. Ich mußte dringend verreisen, es war einfach nicht anders zu machen, oder? Also rief ich aus dem Hotel an und sagte meinem Mitarbeiter: ‚Verbinden Sie mich mit dem König!‘ Darauf er: ‚Mit welchem?‘ Stellen Sie sich vor, es war noch einer da.“

Die privaten Salons heißen nach ihren Sponsoren, hier der Veuve-Clicquot-Raum.

Hübsche Bar- Die geistvollen sigkeiten präs ren sich nicht i schen, sond Kristallkar

Mosimanns „Cuisine naturelle“ tritt auf der Karte nur mehr vereinzelt und leicht nostalgisch auf. Ein CN neben der Zeile markiert die Gerichte, eine Thunfischlende vom Holzkohlengrill mit Nudeln und Wasabi vielleicht oder ein teegeräuchertes Küken mit Sesam-Ingwer-Vinaigrette. Die Mehrheit der erlauchten Gäste weiß einen schönen Lammrücken zu schätzen, gerne auch mit Gemüse aus dem Wok, dazu englische Klassiker wie Fischcake und Bread and Butter Pudding, alles natürlich à la Mosimann, also leicht und fein, oder sein vielgefragtes Risotto (mit Trüffelöl und Champagner): „Das liebt Prinz Charles besonders.“

Anton Mosimann kocht natürlich noch heute hervorragend, auch wenn seine Gerichte optisch längst nicht mehr so brillieren wie im Buch „Die Kunst des Anton Mosimann“ (Müller Rüschlikon Verlag); und so ganz unerreichbar ist er doch nicht. Der Eintritt in den privaten Dining Club ist ja nicht nur seinen erlesenen Mitgliedern erlaubt, sondern auch deren Gästen. Nun könnte man auf diese Weise nach Zugang trachten – wenn man nicht vorzieht, seinen Genüssen weiter in der offenen Welt von Mosimanns früheren Kollegen zu frönen. Die schwitzen vor dem Besuch des Testers noch immer, lieben ihre Gäste, woher sie auch kommen, und kochen für alle, für Hoheiten und Exzellenzen, aber auch für den Genießer, der sich ein Sternemenü nur einmal im Jahr leistet.

Die Szen Detail: „Mosim Bar auf der G des Kirchens

TRISTAN

Tagsüber, im malerischen Sonnenlicht Mallorcas, ist auch Puerto Portals nicht frei vom Ausstellungsflair, das an jedem noblen Yachthafen klebt. Aufgereiht entlang der Molen, wetteifern die weißen Meereskarossen um den Gipfel an Luxus und Schnittigkeit. Abends wechselt die Stimmung. Am schwarzblauen Himmel glitzern die Sterne, die Lichter der Yachten spiegeln sich im Wasser, der Mond schickt seine Silberstraße über die plätschernden Wellen, Poesie zieht auf über einem der elegantesten Spots der Balearen. Auf der Terrasse des Restaurante Tristan, unmittelbar an der Promenade, rankt sich das romantische Fluidum wie eine Aureole um eine Küche von Ausnahmerang. Die offizielle Adresse ist „Local no. 1". Nomen est Omen. Das Tristan ist nicht nur Haus Nummer 1 an der Muelle von Puerto Portals. Der Gourmetführer „Lo Mejor De La Gastronomia Española", herausgegeben vom Kritikerpapst Rafael Garcia Santos, nennt das Tristan als Referenzadresse, an der sich jede feine Küche auf Mallorca und den Baleareninseln messen lassen müsse. Dazu sortiert er Gerhard Schwaigers inspirierte Cuisine als eine der zehn besten ganz Spaniens ein. Der Guide Michelin gibt seit 1991 zwei Sterne. Ein Jahr davor kam der erste, 1987 wurde das Tristan eröffnet – unter prominenter Patronage: Heinz Winkler, damals noch der Star vom Münchner Tantris, heute Hausherr der noblen Residenz in Aschau, hob es als Supervisor aus der Taufe. Gerhard Schwaiger war von Anfang an sein Küchenchef. Der junge Mann entwickelte schnell eigenes Profil, übernahm schließlich auch die Geschäftsführung.

Für die Art zu kochen, die Schwaiger heute auf Mallorca kultiviert, kennt die spanische Gastrokritik einen Begriff, den es in der deutschen Berichterstattung gar nicht gibt: Cocina de Autor, Autorenküche. Dem kreativen Cuisinier wird die Fähigkeit zugestanden, Gedichte zu verfassen wie die schriftstellerische Zunft. Dem Volksmund ist das auch hierzulande geläufig, wie oft bezeichnen wir ein vorzügliches Gericht als Gedicht.

Gerhard Schwaiger verzaubert sein Publikum mit einer unerschöpflich phantasievollen Inszenierung des Mediterranen. Seine typisch deutsche Unerbitt-

Sterne-Cuisine à la Mallorca: Salat vom Kaninchen mit Grillgemüse, Gänseleber und Ñora-Vinaigrette.

Der kulina… König der Ba… kommt aus B… Gerhard Schw…

Aromatisches Gedicht, frisch aus dem Mittelmeer: Schwaigers Muschelvariation.

lichkeit, wenn es um technische Brillanz geht, seine Intelligenz im Spiel mit den Produkten und kulinarischen Traditionen Mallorcas und des Mittelmeerraums, seine rastlose Kreativität, mit der er in jeder Saison für neue Geschmacks- und Kompositions-Sensationen sorgt, werden von spanischen Gourmets und Kritikern durchaus als Tugenden verstanden.

Sie freuen sich über den Witz, mit dem er heimisch Herkömmliches in Sternschnuppen des feinen Geschmacks verwandelt. Das Frito mallorquin à la Schwaiger, seine elegante Interpretation eines mallorquinischen Nationalgerichts, muß man kosten, ebenso seinen Merluza (zu deutsch: Seehecht), vor allem dann, wenn er den typisch spanischen Fisch mit Calamares gratiniert und auf Reis serviert – was für eine delikate Fassung des Festlands-Klassikers Paella.

Das Tristan öffnet erst abends. Wer mittags schon mit lecker-leichter Küche die erstklassige Lage genießen will, nimmt Platz auf der Terrasse des Tristan-Bistros.

Die Yachten vor der Haustür kommen aus aller Herren Länder und kreuzen nicht nur vor mallorquinischen Häfen, sondern auch vor Portofino und Cannes oder der afrikanischen Küste. Es macht Spaß, zu schmecken, wie Schwaigers kulinarische Gedichte von der Internationalität erzählen, die da in der Luft liegt, und wie er dabei den deutschen Hintergrund, seinen eigenen und den vieler Gäste, überhaupt nicht ausblendet. Da tritt das mallorquinische Spanferkel, vielleicht das beste der Welt, mit Taube und original nordafrikanischem Couscous auf oder der Bonito als mediterran-bajuwarische Anekdote, nämlich nicht nur mit dreierlei Pfeffer, sondern auch mit erlesen gestaltetem Kartoffelsalat; da verlassen Krapfen von gefüllten Datteln mit Orangensabayone und Miniorangen Schwaigers Küche, gerne auch mal neben Albóndigas de requesón con peras cocidas (zu deutsch: Topfenknödel mit Gewürzbirne).

Immer wieder entstehen Gerichte um rein mallorquinische Produkte, das Parfait von der geräucherten Entenleber mit mallorquinischem Wurstsalat etwa oder so eine ganz besonders aufs Wesentliche konzentrierte Finesse wie das Milchlamm von der Insel, geschmort im eigenen Saft, dazu gibt es ganz einfache (aber wie köstliche!) Olivennudeln.

Schön auch, zu beobachten, wie der Tristan-Chef nicht müde wird, technisch zu experimentieren. In der letzten Saison vor der Jahrtausendwende setzt er auf neue Garmethoden. Jetzt schmort das Spanferkel bei wenig mehr als 60 Grad 24 Stunden lang im Ofen, bis es konfitiert ist, und wird dann mit einer Wachtel im Kartof-

So elegan Mallorc Blick v Tristan-Terra den Yachthaf Puerto P

Gerhard Schwaigers Erfindungskraft scheint unerschöpflich. Hier ein Carpaccio vom Pulpo.

felmantel serviert. Interessant der Kaninchensalat mit Grillgemüse, Gänseleber und Ñora-Vinaigrette (Ñoras sind dunkelrote, getrocknete Paprikaschoten): Geschmack und Konsistenz des Fleisches werden deshalb so fein, weil Schwaiger die Kaninchenscheiben in der Vakuumfolie gart.

Die Eleganz der Ambiance steht der der Küche in nichts nach. Im Sommer speist man wie erwähnt im Freien an der Mole und genießt dazu die warme Inselnacht (die Tische unter den weißen Leinwanddächern sind mit ihrer erlesenen Tafelkultur stets ein Blickfang für die Promenierenden). Im Winter, für wahre Inselfreaks oft eine besonders reizvolle Zeit auf Mallorca, genießt man den Hafenblick von drinnen, dazu das heiter lichtvolle Interieur.

Auf seinen Service legt Hausherr Schwaiger immer besonderen Nachdruck. In Claudio Marini hat er einen Restaurantchef gefunden, der Gäste mit jugendlicher Eleganz und charmanter mediterraner Nonchalance im Tristan heimisch macht. Angenehm, wie unaufdringlich er für Perfektion sorgt. Wenn er selbst am Tisch die Ente in der Salzkruste tranchiert, scheint ihm die Arbeit ebenso Spaß zu machen wie seinen jungen Damen und Herren, wenn sie das Besteck einsetzen oder die Serviette wechseln. Die Weinkellner empfehlen natürlich gerne spanische Kreszenzen, der Tristan-Keller hat für Liebhaber lokaler Gewächse auch immer die aktuell besten mallorquinischen Tropfen im Chambrair.

Ein Restaurant also, in dem Mallorca mit mediterraner Genußfreude seine elegante Seite zeigt, oder, um mit dem spanischen Fachmann Rafael Garcia Santos zu sprechen: „In wenigen Worten, eine Küche mit Kopf und Pfiff; ein Restaurant, das funktioniert wie ein Mercedes 600."

*Im Winter ein
für Go
Tristans Inner*

ECKART WITZIGMANN

Eckart Witzigmann ist eine Legende. Kein Restaurant trägt heute seinen Namen, kein Luxushotel kann sich rühmen, ihn als Küchenchef zu haben. Er sonnt sich nicht mehr im Sternenglanz; und doch wäre dieses Buch ohne ihn nicht denkbar, jedenfalls nicht im Blick auf die deutsche Route unserer Sternenreise, denn kein anderer hat die Gourmetszene hierzulande so geprägt wie er.

Eckart Witzigmann ist eine lebhafte Legende. Der kulinarische Tatendrang des 58jährigen Kochgenies scheint unerschöpflich. Seine Kreativität zeigt, daß ein Kochkünstler seines Kalibers nie mit dem Latein am Ende ist, auch dann nicht, wenn er alles an Können, Ruhm und Anerkennung erreicht hat, was erschwinglich war.

Witzigmann gilt mit Recht als Begründer des deutschen Küchenwunders. Als er 1970 nach München kam, hatte er die neue französische Küche vor Ort bei ihren Päpsten studiert, bei Paul Haeberlin, bei Paul Bocuse, bei Vergé und den Brüdern Troisgros. Dann ließ er sie auf deutschen Gourmet- und Kritikergaumen erblühen, führte er als Küchenchef des soeben erfundenen Gourmettempels Tantris vor, was Nouvelle Cuisine sein kann, wenn sie aus genialer Phantasie und traumwandlerischer Sicherheit im Umgang mit Spitzenprodukten wächst. Zwei Sterne waren die Antwort des Guide Michelin.

Inspiriert von Eckart Witzigmann: das Ca's Puers in Sóller an der Westküste Mallorcas.

Das deutsche Küchenwunder, das ist im Kern die Schule, die Eckart Witzigmann machte. Der „Chef", wie ihn seine ehemaligen Mitarbeiter bis heute voller Achtung und Zuneigung nennen, ermutigte Generationen von Köchen zu Höchstleistungen. Seine Schüler zeichnen maßgeblich für das Gourmetparadies verantwortlich, als das sich Deutschland aktuell präsentiert, sie tragen keine geringeren Namen als Johann Lafer, Hans Haas oder Harald Wohlfahrt.

Wer nicht im Tantris mit ihm arbeitete, der versuchte später in der Münchner Aubergine ein Plätzchen am Herd zu ergattern. Sie eroberte 1979, ein Jahr nach der Eröffnung, als erstes deutsches Restaurant drei Michelinsterne, und sie galt 15 Jahre lang als Mekka der deutschen Gourmandise. Schließlich kam die größte Auszeichnung: Der Gault Millau

Witzigm…
den Klipp…
Port de…

Euro
Toques

Der Koch des Jahrhunderts bei den Fischern im Hafen.

ernannte Eckart Witzigmann 1994 zum Koch des Jahrhunderts.

Von hier aus, von der Spitze seines Ruhms, ging er auf ganz eigene Weise weiter. Der „Cuisinier du Siècle“ gab alle Sterne, Hauben und sonstige Kritikersymbole zurück, verschaffte der Aubergine noch einen kulinarisch unbeschwerten Ausklang und machte sich dann frei von der Bindung an ein festes Restaurant. Eckart Witzigmanns Karriere als Berater und Supervisor begann, seine Erfahrung und sein Esprit sind international gefragt, in München und Berlin wie in New York. Wir greifen nur zwei seiner aktuellen Stationen heraus: die Zusammenarbeit mit dem Münchner Feinkost- und Restaurant-Unternehmen Käfer und Mallorca.

Auf der Baleareninsel hatten wir eine unserer schönsten Begegnungen mit dem großen Mann, seinem ungebrochenen Charme, seiner anrührend liebenswerten Menschlichkeit. Es war fast mit Händen zu greifen, wie gut Mallorca Eckart Witzigmann tat. Wir waren vom Ca's Puers hinunter nach Port de Sóller gefahren. Es war kurz nach achtzehn Uhr, die Zeit, zu der die Fischer mit ihren Booten und Schiffen zurück im Hafen sein müssen. Gerade luden sie den frischen Fang aus, stemmten Kiste um Kiste vom Schiff auf die Mole. Dort wurden sie auf flache Handwagen geladen, Holzkisten, üppig nach Sorten gefüllt mit dem besten, was das Mittelmeer hier zu bieten hat, Langostinen und Gambas, Calamare und Rascasse, Katzenhaie und Lenguados.

Eckart Witzigmann bewegte sich zwischen den Fischern, griff hier eine Rotbarbe heraus, dort eine Languste, begeistert, voller Achtung. Seine Maxime ist bekannt: „Der Star in der Küche ist das Produkt. Der Koch muß es nur fachmännisch behandeln, und gut!“ Wir spürten, wie er innerlich vibrierte. „Frisch vom Schiff, davon träumt doch jeder Koch. Beim ersten Mal bin ich stundenlang hier gestanden. Da bist Du einfach glücklich. Happy und voll inspiriert!“

Wir sind diesen Inspirationen nachgegangen, der sprudelnden Kreativität, die Mallorcas Produktenreichtum in diesem jugendlichen Mittfünfziger spontan auslöste, und wir haben die mediterrane Küche genossen, die er auf Mallorca gerade erfand. Er war als kulinarischer Berater eines komplexen Hotel- und Restaurant-Konzepts deutscher Investoren ins berühmte Tal der Orangen gekommen. Ca's Puers in Sóller lief bereits, ein feines, kleines Hotel in einer ehemaligen Stadtvilla mit einem Restaurant, das Witzigmann in den wenigen Monaten seit der Eröffnung zu einem der erfolgreichsten der Insel gemacht hatte. Für Ca's Puers entwickelte er mit dem südtiroler Küchenchef Roland Trettl (27) eine mallorquinisch inspirierte,

Mallorca-Cuisine à la Witzigmann: Gebratene Lammkeule in Rosmarin und Thymian mit Saubohnen und Ratatouille.

Im Wintergar... Ca's

Das Restaurant des Ca's Puers hat Räume, in denen noch das Interieur der alten mallorquinischen Villa lebt. Rechts ein Zimmer mit zeitnaher mediterraner Ambiance.

mediterrane Küche von Format, voller Einfachheit und zugleich voller Raffinesse. Wir konnten sehen: Wo immer auf der Welt Eckart Witzigmann wieder zugreift, blüht seine Kunst.

Gäste von Ca's Puers wohnen und tafeln nicht nur in ausgesucht geschmackvoller, mediterraner Atmosphäre, sie genießen in den historischen Teilen des Stadtrefugiums auch die nahezu unberührte Ambiance eines alten mallorquinischen Herrschaftshauses. Die Suite Isabel etwa mit ihren zwei Salons und zwei Schlafzimmern lädt in die originalen Gemächer ein, die die letzte Dame des Hauses Alcover bewohnte, umgibt Gäste mit ihren Antiquitäten und Stilmöbeln, Kristallüstern und Seidentapeten, Himmelbetten und eleganten Fauteuils.

Auch das Restaurant-Publikum taucht ein in den Zauber vergangener Zeiten, im Spiegelsalon etwa mit seinem guten Dutzend kunstvoll gerahmter Kristallspiegel, oder im ehemaligen Speisesalon der Alcovers mit der original erhaltenen Boiserie, der mallorquinischen Keramik auf den Simsen.

Der Wintergarten ist neu und zitiert mit seinem Tonnengewölbe aus Glas und Stahl das Paris der Passagen aus dem 19. Jahrhundert. Er öffnet sich nach vorne in den Garten. Dort sitzt man um zwei Brunnen unter Avokado- und Orangenbäumen und blickt hinüber zum alten, platanenüberwölbten Bahnhof von Sóller und hinauf ins Tramuntanagebirge, und dort erlebten wir *die* Sternstunde unserer Mallorca-Tage.

Zuvor waren wir mit Roland Trettl zu idyllischen Orten der Umgebung gefahren, um Gerichte aus der Ca's-Puers-Cuisine zu fotografieren, das Hühnchen mit Zwiebeln im Haus von Jaime, dem Einkäufer von Ca's Puers; die Gnocci mit Oktopus im Hafen von Soller; die Gambas a la Planche hoch oben auf der Klippe über dem Hafen; die gebratene Lammkeule in einer ehemaligen Ölmühle. Der Höhepunkt

Witzigmanns Mann auf Mallorca: Ca's-Puers Küchenchef Roland Trettl, rechts mit Maître Marco di Loreto. Links: Die Mandelcreme mit Orangen-Pistazien-Ragout zeigt seine Handschrift.

aber kam eben auf der Terrasse des Ca's Puers. An diesem Morgen war Eckart Witzigmann selbst ins weiße Kochjackett geschlüpft. Er hatte sich schon früh mit Roland in die Küche zurückgezogen, und als die beiden mit der Arbeit fertig waren, da erlebten wir die sternenwürdige Hommage an einen Klassiker der spanischen Volksküche, den Auftritt eines wahren Tapa-Traums. Da kamen gefüllte Artischockenböden mit Tomatenrisotto und gebratenem Oktopusspieß, Kaninchenkeule mit Tomatenmousse und Pesto auf gebackener Ruccola, geschmorte Paprikaschoten mit Sepia und Tomaten, gefüllte Sardinen mit Fenchel und Orangenfilets, gefüllte Auberginenscheiben mit Käse und Jabugoschinken überbacken und vieles Köstliches mehr, und zwischen allem, ganz verschmitzt und versteckt, lugten auf Wirsinggemüse die berühmten Witzigmannschen Fleischpflanzerl von einst aus der Münchner Aubergine hervor. Doch damit nicht genug. Als der Tisch mit den Tapas auf der Terrassenbrüstung fürs Foto gerichtet war, machte uns Mallorca noch ein ganz besonderes Geschenk. Gerade liefen die letzten Belichtungen, und just in diesen Augenblicken fuhr im Hintergrund der historische Holzzug aus Palma unter das Platanendach des Bahnhofs von Sóller ein.

Ein anderer glücklicher Moment war, Roland Trettl, den Schüler und blutjungen Küchenchef, neben seinem legendären Lehrer zu sehen – ein Bild für Witzigmanns vielleicht größtes Verdienst: Generationen von großen Köchen auf ihren Weg geschickt zu haben. Es wird ihm, scheints, gedankt. Roland Trettl: „Kochen ist für mich eine Leidenschaft, ein Gericht ist wie ein Kunstwerk, wie ein schönes Bild, eine schöne Frau; und Kochen als Kunst kann man bei niemandem so lernen wie bei Eckart Witzigmann."

HAUS PARADIES

Der Österreicher Eduard Hitzberger ist einer der besten Köche der Schweiz, und er gehört zu jenen Gastgebern unserer Sternenauswahl, die ihre Besucher nicht nur mit ihrem Können am Herd verwöhnen, sondern auch mit der Lage ihres Restaurants. Der Name des Relais-&-Chateaux-Hotels, das sich mit seiner Küche schmückt, klingt nicht gerade bescheiden, aber es hält was er verspricht. Haus Paradies liegt auf einem der schönsten Sonnenplateaus des Unterengadin.

Das Engiadina bassa – so heißt das Tal des Inns (rätoromanisch: En) von Susch bis zur österreichischen Grenze in der Landessprache – übt auf seine Freunde einen unwiderstehlichen Zauber aus. Es liegt ein Geheimnis über dieser Landschaft, und man sollte gar nicht erst versuchen, es zu lüften. Gescheite Leute genießen einfach seine Schönheit. Fremde finden sie im südlichen Klang der Sprache (das Rätoromanische wurde 1938 offiziell zur vierten Schweizer Landessprache erhoben); in der tiefgründigen Freundlichkeit der Menschen, die sich hier mit dem Wort Allegra, zu deutsch: Hab' Freude, begrüßen; in den berühmten Engadiner Dörfern, stillen Orten, die aus einer anderen Zeit, aus anderen Geschichten zu kommen scheinen. Ihre Häuser sind wahre Schmuckstücke mit vergitterten Fenstern, Erkern und Balkonen, mit phantastischen Sgrafitto-Malereien auf geweißten Fassaden. Wer aus Richtung Davos kommt, um bei Eduard Hitzberger zu speisen, den führt der Höhenweg über solche Dörfer, durch Guarda, durch Ardez und schließlich nach Ftan und Ftan-Pitschen.

Hier liegt das Paradies; nicht nur das exklusive Bergdomizil mit seinen 26 Zimmern und Suiten, mit Balkonen, die alle nach Süden gehn, damit alle Gäste den Blick hinunter ins En-Tal und hinüber zu den Graten der prachtvollen Lischana-Kette haben; nein, wichtig ist der ganze Flecken, auf dem das Hotel steht. Die Einheimischen schreiben ihr von alters her eine ganz eigene Magie zu, dieser Idylle am Rand des Lärchenwäldchens, eingeschmiegt in die grünen, blühenden Matten des Silvretta-Gebirges. Sie nannten den Ort in ihrer Sprache schon immer „Il Paradies". Seltene Vögel und Tiere sollen sich hier früher eingefunden haben. Die geheime Energie, die dem Platz innewohnt, lockte die Kinder zum Spielen, und die

Paradiesischer Genuß: Milchlamm aus den Pyrenäen mit Aceto-Balsamico-Jus.

Sie sind die … im Paradies … traud und E… Hitzb…

Die Speisekarte wurde vom Engadiner Maler Steivan Liun Könz gestaltet. In seinem phantastischen Stil klingen Sgrafittos an, wie man sie auf den Häusern seines Heimatdorfes Guarda findet.

Bei Eduard Hitzberger speisen Feinschmecker wie im Schlaraffenland, vom Hummersalat mit Spargel ...

... bis zum geeisten Schokoladensoufflé.

Erwachsenen versenkten sich in den Anblick der ewigen Hochgebirgswelt.

Im Jahr 1910 hat der junge Kunstmaler Hans Walther Beyer das Paradies gekauft und sich ein kleines Chalet darauf gebaut. Es wurde zum Kern des heutigen Hotels. Die aktuellen Eigentümer unterzogen es 1996 einer Renovierung, die den Stil der Sechziger-Jahre-Fassade beibehielt. Sie prägt nun einmal das traditionelle Gesicht des Hauses. Innen aber schufen sie eine Wohnlandschaft von zeitloser Eleganz. Sie gibt nicht nur den edlen Antiquitäten einen geschmackvollen Hintergrund, sondern auch den vielen Bildern und Skulpturen. Als man sie auswählte, ließ man die künstlerische Vergangenheit nicht außer Acht. Das Haus Paradies zeigt heute eine repräsentative Sammlung von Werken zeitgenössischer Maler und bildender Künstler aus dem Unterengadin. Eine kultiviertere Atmosphäre konnte sich Eduard Hitzberger für seine Cuisine nicht wünschen.

Man muß hoch hinauf fahren, um sie zu erleben. Haus Paradies liegt 1600 Meter über dem Meer. Hinter ihm ragen die Berge noch einmal so hoch in den Himmel. Der Drang nach oben, der hier überall aus der Natur strahlt, kam Meister Hitzberger gerade recht. Er und seine Frau Waltraud übernahmen die Leitung im Paradies 1992, der Patron in der Küche, die Chefin im Hotel. Wie ambitioniert Hitzberger kocht, wußten seine Gäste schon, bevor der Guide Michelin den ersten Stern verlieh. Inzwischen ist der zweite da, es hat keinen gewundert, und der Ehrgeiz im Haus scheint noch weiter zu gehen.

Wenn man mit dem Chef über seine Art zu kochen spricht, verweist er gern auf den k. u. k. Hintergrund des Österreichers, ein kulinarisches Erbe, das bekanntlich den bürgerlich-bodenständigen Gusto an Donau und Moldau genußreich mit der französischen Haute Cuisine und der frischen leichten Küche des Mittelmeers veredelte. Aus dieser Quelle schöpft Hitzberger mit moderner Kreativität, mit heißer Lust am Spiel der Aromen, und er prägt dabei immer aufs neue seine unverkennbar eigene Handschrift aus. Zum Beleg ein paar Gustostückerl aus einem seiner Menus du Marche: Terrine von der Gänseleber und dem Kalbsbäckchen mit Karottensalat; in Feigenessig pochierter „Bar de Ligne“ (Wolfbarsch, mit der Angel gefangen) auf marinierten Artischocken; rosa gebratenes Medaillon und Kotelette vom Rehrücken mit Briocheknödelsoufflé und Preiselbeerjus. So fein verwöhnt speist man im Bellezza, dem Sternerestaurant im Paradies, dabei schweift der Blick über die blauen Felsmassive des Piz Lischana, des Piz Pisoc und des Piz Madlain. Kein Wunder, daß ein Koch, umgeben von so viel erhabener Natur, seine Philosophie nicht ohne Nachdenklichkeit formuliert: „Kochen ist Spielen für mich, aber auch etwas Mystisches, Subtiles, Reines, Sakrales.“ Wie schön, wenn sich das Subtile so sinnlich zeigt wie bei Eduard Hitzberger.

Ein Blick vo dies: das D vor den Gip Lischar

ANDRÉ JAEGER

Im Jahr 1969 ging der junge Koch und Absolvent der Lausanner Hotelfachschule André Jaeger nach Hongkong. Als er fünf Jahre später in seinen Schweizer Heimatort Schaffhausen zurückkehrte, war sein Leben verändert. Die Inselstadt an der Südküste Chinas hatte dem Food-&-Beverage-Manager des berühmten Grandhotels Peninsula mit ihren Märkten und Küchen eine kulinarische Welt eröffnet, die ihn euphorisierte. Die Folgen sind bekannt. André Jaeger wurde in seinem Restaurant am Rheinquai zum Pionier der euro-asiatischen Küche, seine „Fischerzunft" genießt heute internationales Ansehen. Der Michelin gibt ihm einen Stern, der Gault Millau reiht ihn regelmäßig mit seiner Höchstnote (4 Kochmützen, 19 Punkte) unter die besten Gourmetadressen der Welt ein und wählte ihn schon zweimal zum Koch des Jahres.

Begonnen hat die Erfolgsgeschichte eher privat. André Jaegers Eltern führten die Fischerzunft, das jahrhundertealte Zunfthaus der Schaffhausener Fischer, seit 1957 als gutbürgerliches Gasthaus. Nun wollten sie sich zur Ruhe setzen und schickten dem Jungen ihr Ultimatum um die halbe Welt. „Entweder Du übernimmst, oder wir verkaufen." Der Junior verließ China, übernahm, änderte den Küchenstil und bot Nouvelle Cuisine. Die kam damals gerade in Mode.

Euro-asiatische Begegnung: Drei Variationen von der Bresse-Poularde.

Das Private dabei war, daß André nicht alleine gekommen war. Er hatte Doreen Song mitgebracht, seine junge chinesische Frau. Hongkong hatte ihm nicht nur eine neue Welt der Aromen, Gewürze, Geschmäcker, Zutaten und Kochweisen geschenkt, sondern auch Glück in der Liebe. Schöner noch, André Jaeger erlebte am südchinesischen Meer beides in harmonischer Verbindung, die Freuden der Ehe und die der Küche; beispielweise dann, wenn es eine Einladung von Doreens Eltern gab und der Profikoch aus der Schweiz Mutter Ah-Chao über die Schulter gucken konnte. Sie war eine Meisterin am Wok.

Die jahrtausendealte Weisheit der Chinesen erklärt das Glück so: Zwei gegensätzliche Prinzipien spannen die Welt auf, das weibliche, Yin, und das männliche, Yang. Glück entsteht, wenn beide Gegensätze in Harmonie zusammenfinden. Jetzt hatte aber am südchinesichen Meer ein solcher Einklang den Europäer André und die Chinesin Doreen miteinander verbunden, und die betörende Küche Asiens war zu einem Symbol ihres Glücks geworden.

André
Schöpfer der
de Bonheur,
Schaffh
Fisc

Botschaften aus der Küche des Glücks. Ganz oben: Halber Hummer mit Tandoori-Gewürzen, serviert auf dem Hibachi-Grill, mit einem exotischen Salat und Sesamcrèmesauce. Darunter: Yin und Yang von Pistache und Giandja-Gewürzweineis.

Wie auch immer, zurück in der Schweiz, machte André Jaeger Nouvelle Cuisine. Kein Wunder, daß sie ihm keine Gipfelstürme brachte. Es lag nicht nur daran, daß er ständig das Gefühl hatte: „Der Witzigmann macht das alles schon in München im Tantris, und möglicherweise besser als ich." Der wahre Grund lag wohl tiefer: André und Doreen lebten in Europa, aber ein wichtiger Teil und ein Ausdruck ihres Glücks waren am anderen Ende der Welt zurückgeblieben, die Düfte, die Schönheit und der Zauber von Hongkongs Küchen und Märkten. Doreen und André bekamen Heimweh.

Was macht ein Tondichter, wenn er leidet? Er setzt sich ans Piano und komponiert. Was macht ein Koch im gleichen Fall? Er kocht. André bereitete für Doreen und sich ein Mahl. Er setzte das Handwerk ein, das er auf den hohen Schulen seiner frankophilen Heimat gelernt hatte, und er mischte die Gewürze, die Geheimnisse und die Rezepte hinein, die er aus Hongkong wußte. Da ließ das Heimweh nach, und das Glück wurde wieder voll. Mehr, ein neuer Weg war in Sicht gekommen, ein eigener, einer, der auch professionell Sinn hatte, und auf ihm eroberte André Jaeger die Gäste der Fischerzunft; ein Chinese würde vielleicht sagen, weil er eine neue Harmonie von Yin und Yang entdeckte. Jaeger verschmolz die Weisheit asiatischer Küche mit der elaborierten Brillanz europäisch-französischer Cuisine. Das Ergebnis wurde zu einem nie dagewesenen gastronomischen Ereignis, zu einer Haute Cuisine, in der der Osten den Westen traf. André Jaeger nannte sie: Cuisine de Bonheur, Küche des Glücks.

Das Symbol für Yin und Yang schmückt seither die Speisekarte der Fischerzunft, als Glücksbringer natürlich. Aber zugleich zieht sich die Kunst der ausgewogenen Kontraste durch André Jaegers ganze Küche. Wie fein läßt sich der Gegensatz zwischen Warm und Kalt bei einem Hummertartar in Bisque (warm) mit einem Sashimi von der Dorade (kalt) genießen. Eine Frühlingsrolle, mit zartem Thunfisch gefüllt, hebt den Widerspruch zwischen knusprig und weich auf. Europäische Produkte treffen auf den unerschöpflichen Reichtum asiatischer Gewürze und werden zu ungewöhnlichen Genüssen, ein Orkney-Lachs vielleicht, sanft im Ofen gegart, und Karotten, glaciert in Sauternes (süß), neben einer Wasabi-Mousseline (scharf), und so fort.

Auch das Dekorative versöhnt Widersprüche, nicht nur auf der Rheinterrasse und in den beiden Räumen des Restaurants, dort gibt sich der leicht rustikale Charme des alten Zunfthauses überall moderner Kunst hin, nein, vor allem auf dem Teller. Da begeistert die klare, transparente, minimalistische Gestaltungskunst der Japaner Gäste ebenso sehr wie die überschwänglichen Blütendekors aus China. Das Einfache und die Vielfalt begegnen sich in Jaegers Fähigkeit, ganz wenige Zutaten mit seiner vielgerühmten Würzkunst immer wieder neu und anders erblühen zu lassen, ganz nach der alten chinesischen Forderung an einen Meisterkoch: Er müsse in der Lage sein, aus drei Zutaten tausend Rezepte zu kochen. Chiyo, die berühmteste Haiku-Dichterin Japans faßte diese Liebe zwischen dem Simplen und dem Komplexen in einen ihrer Dreizeiler. Anlaß war eine Aufgabe, die ihr der Zen-Meister des Eiheiji-Tempels stellte. Er verlangte von der Poetin einen Ausdruck für den Lehrsatz, daß aus einem einzigen Gedanken tausend Bedeutungen folgen. Chiyo fand eine kulinarische Lösung:

„Hundert Sorten Kürbis
Aus dem Sinn
Einer Ranke."

Die Chinoise
zweite Ra
Restaurar
leicht rustika
hunderteal
haus schmü
mit viel m

JEAN-CLAUDE BOURGUEIL

Drei-Sterne-Köche sind in Deutschland so rar wie anderswo, von Frankreich einmal abgesehen. Derzeit gibt es drei: Jean-Claude Bourgueil in Düsseldorf, Harald Wohlfahrt in Baiersbronn und Dieter Müller in Bergisch-Gladbach. Jean-Claude Bourgueil ist auf dem höchsten Sternenrang der Dienstälteste. Seit 1977 steht er „Im Schiffchen“ am Herd, seit 1987 ohne Unterbrechung mit drei Macarons. Noch etwas anderes hebt ihn aus dem Kreis der Kollegen heraus. Wenn man genau zählt, ist er der einzige Vier-Sterne-Koch im Land. Das schmucke historische Backsteinhaus aus dem 18. Jahrhundert im Düsseldorfer Stadtteil Kaiserswerth birgt nämlich zwei Restaurants. Im ersten Stock speist man „Im Schiffchen“ unter drei Sternen, und im Parterre lädt der „Aalschokker“ zu Gast, ebenfalls mit Jean-Claude Bourgueil als Chef, aber mit eigenem Konzept, und für den Aalschokker heimst der Patron Jahr für Jahr ebenfalls einen Stern ein. Macht zusammen vier.

Seit in den frühen siebziger Jahren das deutsche Küchenwunder begann, ist Bourgueil einer seiner Pioniere, und – er ist der einzige Franzose, der in Deutschland auf der gastronomischen Königsebene kocht. Das macht ihn natürlich zu einer Art Botschafter der Haute Cuisine Française, aber der freundliche Herr mit der unbeugsamen Energie hinter dem verschmitzten Lächeln spielt diese Rolle mit unentwegt sprudelnder, ganz individueller Kreativität.

Inspiriert von der Qualität französischer Produkte: Pauillac-Lamm auf Roquette und schwarzen Trüffeln.

Es war bei unseren Besuchen über die Jahre hin immer ein besonderes Vergnügen, ihn hinter den Kulissen zu treffen, in seiner Küche, am späten Vormittag. Um die Zeit genoß der Molteni-Herd, ein Rolls Royce unter den Küchenöfen, blankgeputzt und unberührt, noch etwas Ruhe, und während nacheinander, immer etwas eilig, Bourgueils junge Köchinnen und Köche eintrafen, war Zeit zu plaudern und dabei ein bißchen den Quellen seiner Ideen nachzuspüren. Immer wieder tauchte die Kindheit auf. Jean-Claude stammt aus Sainte Maure, der Stadt, die auch den berühmten Ziegenkäse gleichen Namens hervorbringt. Man ist stolz dort, den erfolgreichen Sohn des Ortes auf der alljährlichen Käsemesse in der Jury zu haben. Daß er den Chevre Sainte Maure schon als Bub liebte, versteht sich, besonders wenn ihn die Großmutter aus der Milch ihrer eigenen Ziegen machte und die Mutter ihn mit saftigen Zwiebeln anrichtete. Jean-Claude hat die Erinnerung an die frühe

Drei Köche sich in Deuts mit drei schmücke einer von ihne Claude Bo

Der Chef im Düsseldorfer „Schiffchen" stammt aus Sainte Maure wie der berühmte Ziegenkäse. Der Chevre tritt hier auf mit einer Rosette von Bonette-Kartoffeln, Kaviar und Schnittlauchcrème.

Köstlichkeit mit auf die Höhen der Gourmandise genommen. Dort verwandelte sich der herzhafte Imbiß in eine raffinierte Delikatesse. Der pikante Ziegenfrischkäse thront heute auf einem Scheibchenkranz aus Bonette-Kartoffeln von der Insel Noirmoutier, er trägt eine Krone aus Oscietre-Kaviar, aber ein Hauch von Mutter Bourgueils Zwiebeln blieb dabei: Ihr Sohn träufelt um die Kartoffelrosette eine feine Schnittlauchcreme.

Schön auch die Geschichte vom Großvater. „Das war ein Lebenskünstler. Er liebte die Muße, und er nahm sie sich auch. Dann wanderte er manchmal über die Felder und sammelte für eine Mahlzeit." Was für Köstlichkeiten ihm die Natur auf ihren Fluren geschenkt haben mag, ahnt man, wenn man die kulinarische Hommage des Enkels an den alten Sammler genießt: Brachfeldfrüchte in leichtem Knoblauchsud. Da zergehen Schnekken (als Ragout im Reisblatt), Pilze, Trüffel, frische Gewürze, Kräuter, Froschschenkelschaum und Wachteleier förmlich auf der Zunge.

Über dem Erzählen ging natürlich die Ruhepause für den Molteni-Herd zuende. Er wurde wieder angefacht, und wir lernten, daß das edle Kochgerät nach dem Prinzip alter Zeiten beheizt wird. Seine Platten konzentrieren die größte Hitze in der Mitte. Zu den Rändern hin nimmt sie kontinuierlich ab. Die Franzosen, erzählt Bourgueil, haben für so einen Herd einen poetischen Namen. Sie nennen ihn „Piano", denn wie ein Pianist den unterschiedlichen Bereichen seiner Klaviatur Rhythmen und Klänge entlockt, so spielt der Koch auf den unterschiedlich heißen Ofenflächen mit Zutaten und Garpunkten.

Daß dem Spiel oft langes Probieren vorausgeht, daß Gerichte, die längst zu den Klassikern des Schiffchens gehören, manchmal erst nach langem Tüfteln auf den Punkt kamen, erfuhren wir bei solcher Gelegenheit auch. Die Idee mit dem Hummer zum Beispiel verfolgte Bourgueil über die Grenzen. In Frankreich war es nicht üblich, Hummer mit Kräutern zu kochen. Aber in Deutschland trieb ihn die Neugier, damit zu experimentieren. Er garte das Krustentier aus der Bretagne mal mit Kümmel, mal mit Minze, mal mit Eisenkraut. Der Kick blieb aus. Erst als er den Edelkrebs in deutsche Kamille setzte, gelang der Wurf. Das intensive Aroma der Blüte paßte ideal, ihr Sud wurde, mit Butter aufmontiert, zu einer delikaten Sauce – aber irgendetwas stimmte

Kulinarischer Kommentar zum globalen Zusammenrücken: Bourgueils Sushi-Kreation „Paris-Tokio".

Das schmuck steinhaus i dorf-Kais stammt 18. Jahr

Im Schiffchen
9

Die klassische orientalische Gewürzstraße inspirierte Jean-Claude Bourgueil zu einem seiner schönsten Menüs. Hier ein Dessert daraus, „Dèpêche aus Ceylon". Der Clou: Zum Mokkaschaum kommt feingeriebener, süßer Tabak.

immer noch nicht. Der Hummer schmeckte zu süß, Kontrast fehlte. Die Erleuchtung kam, als sich der Cuisinier zu einer seiner Lieblingsspeisen setzte, zu Königsberger Klopsen: Die Kapern! Bourgueil schmeckte den Sud mit feinem Kapernessig ab, und jetzt, erst jetzt erblickte eine neue perfekte Kreation das Licht der Welt. Eine so schwierige Geburt kann ein Gericht hinter sich haben, das auf der Karte ganz bescheiden heißt: Kleiner bretonischer Hummer, mit Kamillenblüten gedämpft.

Während wir so plauderten, war plötzlich Tempo in die Küche gekommen. Die Vorbereitungen für den Abend liefen jetzt, am Mittag, bereits auf Hochtouren. Die jungen Leute in Weiß stellten in Hochgeschwindigkeit frisches Geschirr bei, schälten Zwiebeln und Knoblauch, hackten Porree, lösten Fleisch aus, die Patissiére schaffte im Laufschritt Sahne zur Rührmaschine. Für Behaglichkeit, für die Muße, die Bourgueils Großvater noch für sich in Anspruch nahm, wenn er Zutaten für ein Festmahl einholte, hat die hohe Küche von heute nur im Restaurant Raum. Hinter den Kulissen zählt die Zeit nach Sekunden, vor allem, wenn draußen schon die Gäste speisen. Dann spielen Chef und Köche auf dem Molteni-Piano nur mehr Prestissimo.

Die Beschleunigung der modernen Spitzen-Cuisine hat längst auch den Einkauf in ihren Sog gerissen. Jet-Geschwindigkeit ist angesagt. Der Lachs, der heute aus welchem Weltmeer auch immer geangelt wird, gelangt als Flugware nach Hongkong so schnell wie nach Paris. Gut für Jean-Claude Bourgueil, der als qualitätsbewußter Franzose den Großteil seiner Produkte aus der alten Heimat an den Rhein expedieren läßt, den frischen Angelfisch etwa von den Küsten der Vendee oder der Bretagne. Dort sind die Gewässer so fels- und klippenreich, daß Schleppnetze keine Chance haben. Die Tiden schlagen oft bis zu zehn Metern aus, da muß der Steinbutt kräftig schwimmen und wird fest im Fleisch. Kalb kommt von den Labels rouges der Corrèze, die Jungtiere weiden bis zum Schlachten mit der Mutter in freier Natur. Geflügel ordert er aus der Bresse, die Austern von der Ile d'Oleron, und Lamm nimmt er mit Vorliebe aus einem Ort, der auch beste Mèdoc-Kreszenzen in seinen Weinkeller liefert, aus Pauillac.

Die außerordentliche Qualität seiner Rohstoffe, namentlich die französischer Provenienz – Bourgueil erzählt das nicht ohne Stolz – bleibt eine seiner beständigsten Inspirationsquellen, schön zu beobachten gerade beim Pauillac-Lamm. Der Meister aus Sainte Maure hat eine verführerische Präsentation gefunden. Er schneidet das Filet in hauchdünne Scheiben, gart sie ganz langsam, bis sie rosa schimmern, und richtet sie dann auf Roquette und schwarzen

Festliche Ele
wie es dem Ran
Schiffchens ge
das Resto

Trüffeln an. Nußöl, Lorbeer, Thymian, Scharlotten und Knoblauch geben dazu wunderbare Würze.

Bleiben wir noch beim Jet-Flair, beim Lob der Geschwindigkeit und bei globaler Konzentration. Nicht, daß Jean-Claude Bourgueil für das rasante Thema um kulinarischen Ausdruck verlegen wäre, und wie kurz werden bei ihm die größten Distanzen! Die Strecke Paris – Tokio braucht ja selbst im Jumbo ein paar Stunden. Nicht so in der Küche des Schiffchens. Die Kreation „Paris-Tokio“ à la Bourgueil war in wenigen Minuten geschaffen, und dabei zeigte der Chef uns Kiebitzen en passant, daß er die Sudare, die kleine Bambusmatte zum Algenblattrollen, gekonnt beherrscht wie ein alter Sushikoch. Flink ordnet er auf den Teller gekochte Hummerscheren mit Zwiebelmarmelade, kurz gebratenes Kaisergranat im Lauchmantel, Lachsfilet und -mousse im Algenblatt (kurz pochiert), kurz gegrillte Rotbarbenfilets, gefüllt mit Paprikamousse; zu guter Letzt träufelt er Sauce Parisienne dazwischen – Bühne frei für Jean-Claude Bourgueils Sushi-Schau! Voila! Kampai!

Nun wird es aber langsam Zeit, daß wir uns diskret zurückziehen aus der Schiffchenküche. Werfen wir trotzdem noch schnell – das geht vom Flur aus durchs Bleiglasfenster – einen Blick in den Aalschokker, ins Ein-Stern-Restaurant der Bourgueils (Jean-Claudes charmante Gattin Janine ist dort Gastgeberin). Man sitzt gemütlich wie in einem Schiffsbauch, und das maritime Interieur hat guten Grund. Der Aalschokker nimmt uns wieder mit in die gute, alte, langsame Zeit. Aalschokker waren dickbauchige, kiellose Segelschiffe, die auf dem Rhein nach Lachsen fischten. Das war damals, als im Rhein noch Lachse lebten. Er ist eine echte regionale Besonderheit, der Aalschokker, und rein regionale Spezialitäten füllen auch seine Speisekarte. Sie lockt mit lokalen Klassikern wie Düsseldorfer Senfrostbraten oder Hamburger Labskaus, aber das schmeckt hier bitte nicht so deftig wie in der Altstadt oder in Altona. Hier tritt Himmel und Äd veredelt mit Gänsestopfleber auf. Hier kommen auch Gerichte auf den Tisch, die ihre bodenständige Inspiration ganz frei vortragen wie der Knusper von kleinen geräucherten Aalen mit zartem Zwiebelschaum, kurz, hier zeigt Bourgueil die hohe Schule feinster regionaler Cuisine. Und hier gibt es ein ganz besonderes Gericht, ein Gedicht von einem Dessert. Es entführt den Gast in jenen schönen Teil Deutschlands, in dem Bourgueils Drei-Sterne-Kollege Harald Wohlfahrt kocht. Janine Bourgueil bringt auf weißem Teller drei dünne schokoladierte Teigblätter. Sie sind aufgeklappt wie ein Froschmaul mit Zunge, und sie werden offengehalten durch zwei hocharomatische Zwischenschichten, eine Mousse von der Bitterschokolade und ein Wildkirschsorbet. So schöpft Gatte Jean-Claude einen urbadischen Klassiker nach: die Schwarzwälder Kirschtorte.

Rechts verlockende „S chen“-Kreation eine regionale zialität aus dem schokker: Claude Bour Interpretatio Schwarzw Kirsch

DIETER MÜLLER AUF SCHLOSS LERBACH

Ein Könner pfuscht auch nicht in Nebenwerken. Diese Maxime des deutschen Dichters Peter Hacks muß auch im Kopf von Dieter Müller sitzen. Als der heutige Drei-Sterne-Koch mit 20 Jahren seinen Wehrdienst angetreten hatte, gestaltete er die 18 Monate „Dienstzeit mit Küchenführung" so engagiert, daß er bereits nach einem halben Jahr für die beste Küche der Bundeswehr ausgezeichnet wurde. Beneidenswert seine Kameraden. Für sie muß das Essenfassen eine Sternstunde gewesen sein, auch wenn es damals noch nicht um Michelin-Sterne ging. Das kam später.

Dieter Müller zeigt einen Persönlichkeitsmix, der für seinen fulminanten Aufstieg maßgeblich sein dürfte. Der Badenser mit der Liebe zu Frankreich vereinigt in seiner Brust fruchtbar zwei Seelen. Ehrgeiz und Fleiß des Deutschen mischen sich da mit französischer Genußfreudigkeit, und so waren und sind die Karrieresprünge des Ausnahmekochs nicht nur jedesmal ein Ereignis fürs kulinarische Publikum. Dieter Müller scheint bei aller persönlichen Bescheidenheit auch fähig, den Erfolg zu genießen, seine kleinen wie seine großen Meilensteine als Sternstunden eines außergewöhnlichen Talents und Könnens zu erleben.

Da nimmt Altmeister Ernesto Schlegel den Dreiundzwanzigjährigen als Commis zu sich in den Berner Schweizerhof und macht ihn bereits sechs Wochen später wegen außergewöhnlicher Leistungen zum Chef de partie im Gourmet-Restaurant Schultheissenstube. Da beginnt Dieter Müller die Zusammenarbeit mit seinem Bruder Jörg in den Schweizer Stuben in Wertheim-Bettingen (sie dauert bis 1982, dann geht Jörg Müller nach Sylt), und ein Jahr später kommt vom Guide Michelin der erste Stern, vier Jahre danach der zweite.

Der Meister und sein Maître: Drei-Sterne-Koch Dieter Müller mit Gattin Birgit. Sie ist Chefin im Restaurant.

Siebzehn Jahre bleibt der Küchenmeister (Abschluß 1976) im Städtchen an der Taubermündung. Zweimal erhält er dort die Auszeichnung als Koch des Jahres (einmal vom Champagnerhaus Krug, dann vom Gault Millau). Er erreicht mit 19,5 Punkten die höchste je vergebene Note im Guide Gault Millau, und die Schweizer Stuben werden zu einem Mekka der Gourmandise.

Schließlich erfüllt sich ein Traum. Zuvor geht es aber noch auf Weltreise. Müller repräsentiert die deutsche Top-Cuisine auf Gastspielen in den USA und

Keimzelle großer Genüsse: Dieter Müller, seine Crew, seine Küche.

in Tokio, in Sydney, Thailand und natürlich auch in Frankreich. Der Blick hinüber in das schöne Nachbarland mit seinen berühmten Schlössern und Burgen, mit seiner geadelten Küchentradition hatte Dieter Müllers Traum schon in frühen Jahren genährt: Der Junge aus Auggen in Baden wollte immer schon Schloßkoch werden. Heute hat er es geschafft.

Quelle feiner Weinbegleitungen: die Vinothek von Schloß Lerbach.

Die Erfüllung kam in Gestalt des Privathoteliers Thomas H. Althoff, der gerade vor den Toren Kölns einen alten Herrensitz zu einem der schönsten Luxushotels Deutschlands restauriert hatte. Er lud Dieter Müller ein, die Gäste des Schloßhotels Lerbach in einem Restaurant mit dem Namen „Dieter Müller" fürstlich zu bewirten.

Das war 1992. Der Cuisinier nahm die Einladung an, mit ihm kam seine Frau Birgit als kongeniale Madame Maître d'hotel, und der Sternenlauf begann aufs neue: 1993 erster Michelin-Stern, im Jahr darauf der zweite – dann hielten, wie nicht anders zu erwarten, die Herren vom Guide Michelin eine Wartezeit für angebracht. Eine Zeit, die der Chef eines der fünf besten Restaurants Deutschlands gut nützte. Er genoß die neue Ambiance, und er arbeitete mit besessenem Perfektionismus an der Vervollkommnung seiner Küche.

Das Schloßhotel Lerbach in Bergisch-Gladbach ist ein Juwel unter den First-class-Herbergen. Der österreichische Direktor Kurt Wagner leitet es mit Geschick und Fortune. Er verwöhnt Gäste in 54 Zimmern und Suiten mit charmant-individuellen Interieurs, mit einer Lancaster-Beauty-Farm und einem traumhaften

Das Restaurant Müller. Der g Teil liegt in lichtvollen V garten. Dr der Landscha des Sch

Dieter Müller kocht auf: Steinbuttfilets auf gebratenem Spargel mit kleinem Hummergratin …

Landschaftspark im englischen Stil. Nadelgehölze, leuchtende Blumenmeere, offene Wiesenräume, ein Bach, ein Teich ziehen sich weiträumig um das Schloß.

Für das Restaurant Dieter Müller baute man an der Rückfassade einen lichtvollen Wintergarten an. Der alte steinerne Brunnen, der außen an der Fassade saß, blieb an Ort und Stelle

… die Variation von der Gänsestopfleber …

… Variation von Langostinos mit Zucchiniblüte.

und wurde so zu einem attraktiven Element der Innenarchitektur. Der Blick geht hinaus in den Ehrenhof, innen gespiegelt von einem Trompe l'œil an der Wand hinter dem Brunnen. Ein zweiter Raum, ein Salon mit schöner Stuckdecke, hat das noble Fluidum des historischen Herrenhauses bewahrt.

In solch schmucker Ambiance entfaltet Dieter Müller eine Cuisine, die ausgefeilteste Ansprüche beglückt. Der Badenser war schon immer ein Zauberer der Aromen. Auf Schloß Lerbach gewannen sie noch an Kraft und Intensität. Drei Grundeinflüsse kommen immer wieder ins Spiel miteinander, die klassische französische Cuisine, mediterrane Finesse und deutsche Bodenständigkeit, oft ergänzt von Inspirationen, die Müller von seinen asiatischen Auftritten mitbrachte. Elaborierte Handwerkskunst trifft auf phantasievolle Lust an der Komposition.

Exemplarisch etwa Dieter Müllers Umgang mit Foie gras, abzulesen und -zuschmecken an seiner „Variation von der Gänsestopfleber". Sie bietet eine ausgeklügelte Skala von Geschmackssensationen, vom Foie-gras-Gugelhupf mit Portweingelee über ein Gateau mit Baumkuchenboden, darauf je eine Schicht Parfait und pure marinierte Leber, bis hin zur Gänseleberpraline. Sie ist auf ein Champagner-Rosé-Gelee gesetzt und paniert mit Korinthen und Pumpernickel (man lasse sich die deutsche Herzhaftigkeit in solch feiner französischer Gesellschaft auf der Zunge zergehen). Überraschungen stehen immer auf der Tagesordnung. Da tritt so eine mediterrane Finesse wie der St. Pierre mit einer leuchtend roten Oberfläche aus Banyuls-Scharlotten-Butter auf oder es gibt eine ganz neue Menü-Idee. Dieter Müller führte sie im letzten Frühling des zweiten Jahrtausends ein: ein Amuse-Bouche-Menü in fünf Gängen mit ca. siebzehn kleinen Grüßen aus der Küche.

Doch wir greifen vor, denn inzwischen war die Wartezeit zu Ende gegangen. Müllers deutsche Fans hielten sie längst für überzogen, schließlich ließ selbst Gilles Pudlowski, Kritikerpapst in Paris, die Frage hören, wie viele Drei-Sterne-Köche es eigentlich in Frankreich gebe, die mehr könnten als der Virtuose auf

Festliche Ta… im Banke…

Schloß Lerbach, und endlich war es auch für die Tester des Guide Michelin so weit. Sie läuteten 1998 die Stunde des dritten Sterns ein.

Dieses Jahr konnte sich für Dieter Müller überhaupt sehen lassen. Er erhielt nicht nur seinen dritten Stern, er wurde auch zum dritten Mal Koch des Jahres (diesmal gekürt vom Feinschmecker), und nicht lange vor Weihnachten kam es zu einer Szene, die er als hinreißende Sternstunde hinter den Kulissen erinnert. Die Hotelvereinigung Relais & Châteaux hatte zum Jahreskongreß nach Los Angeles geladen. 50 internationale Spitzenköche aus Relais-&-Châteaux-Häusern kochten 17 verschiedene Menüs für 1000 Gäste. Alain Ducasse, einziger Sechs-Sterne-Koch der Welt (drei Sterne für sein Louis XV in Monaco, drei Sterne fürs Pariser Alain Ducasse, siehe S. 12 ff), war schon mit der Vorspeise fertig, sah, daß Dieter Müller mit seinem Hauptgericht leicht in zeitliche Bedrängnis geriet, und sprang kurzentschlossen am Herd des Deutschen ein, an seiner Seite, ebenso hilfsbereit, Drei-Sterne-Cuisinier Michel Guérard aus Eugénie-les-Bains. Da leuchteten plötzlich nicht weniger als zwölf Michelin-Sterne über der Zubereitung eines Pot au feu von Zitronengras, Curry, Hummer und Jakobsmuscheln, und Alain Ducasse feixte strahlend zum Star von Schloß Lerbach: „Voilà, jetzt bin ich dein Commis!“

Schloßkoch wollte Dieter Müller schon als Junge werden. Im Bergischen Land ging sein Traum in Erfüllung.

Eleganter Einklang von Nostalgie und Moderne: die Halle des Schloßhotels Lerbach.

Kreation i… terranen … St. Pier… Banyuls-Scho…

HARALD WOHLFAHRT UND DIE SCHWARZWALDSTUBE

Ich bin niemand, mich kennt niemand, ich habe nichts zu verlieren, ich kann im Prinzip nur gewinnen.“ So bestimmte Harald Wohlfahrt seinen Standort, und dann nahm er die Herausforderung an. Das war vor 20 Jahren. Das Kur- und Sporthotel Traube im Baiersbronner Stadtteil Tonbach hatte beschlossen, ein französisches Gourmetrestaurant zu eröffnen und an der Spitze der deutschen Gourmandise zu plazieren. Der Erfolg kam nach Plan. Mit Küchenchef Wolfgang Staudenmeier (heute Da Gianni, Mannheim, 2 Sterne) und Harald Wohlfahrt in der zweiten Position erkochte sich das Team der Schwarzwaldstube binnen eines halben Jahres den ersten Stern, und bereits die folgende Ausgabe des Michelin-Führers stellte den zweiten Etoile aus. Dann ging Wohlfahrt auf die Meisterschule. Dort erreichte ihn das Angebot, das ihn zu jener Standortbestimmung veranlaßte: In der Schwarzwaldstube war die Position des Chefs vakant geworden, die Leitung des Hauses gab Harald Wohlfahrt die Chance, die Führung zu übernehmen. Er war damals gerade 24 Jahre alt.

Wie man heute weiß, hat Harald Wohlfahrt alles gewonnen. Der Mut und das nüchterne Kalkül des frischgebackenen Küchenmeisters machten sich bezahlt, er schaffte die Sensation. Es gelang dem blutjungen Chefcuisinier nicht nur, den zweiten Stern mit unerschütterlicher Kontinuität zu verteidigen. Vierzehn Jahre später setzte er dem Lauf der Schwarzwaldstube noch die Krone auf. Er errang den dritten Stern. Harald Wohlfahrt war jemand. Er hatte sich in den deutschen Gourmethimmel gekocht und zugleich auf den Olymp, der ganz Europas Küchengötter versammelt.

„Man muß den Augenblick genießen“: Harald Wohlfahrt, Drei-Sterne-Koch in Baiersbronn.

Seither meistert Harald Wohlfahrt Tag für Tag eine andere Herausforderung: Immer wieder aufs neue den Gipfel der Perfektion zu bestätigen, den er und seinesgleichen erklommen haben. Auf dem kulinarischen Olymp gibt es kein Ruhekissen. Niemand breitet dort oben seine Lorbeeren aus, um sich darauf auszuruhen. „Da muß man sehr in der Gegenwart leben; nicht in der Vergangenheit und, ich glaube, auch nicht in der Zukuft. Wenn heute mittag die Tür aufgeht, müssen wir gut sein. Wenn wir am Abend zumachen, müssen wir gut gewesen sein. Man muß den Augenblick genießen, in dem man sich gut fühlt, in dem man die Kraft hat, seine Arbeit gut zu machen, und das bringt dann auch die richtige Stärke.“

Die Schwa stube: Synor ländliche E und feinste fr sche C

Der Chef an seinem Herd: „Ich muß täglich mein Instrument spielen."

So spricht ein Koch mit Sinn für die Wankelmütigkeit des Glücks. Harald Wohlfahrt gehört zu der Sorte von Spitzencuisiniers, die es immer wieder an ihren Herd treibt. „Ich kann nicht Golf spielen gehen, während meine Jungs hier kochen. Mir hat das Kochen immer Spaß gemacht. Ich koche jeden Tag, um zwölf Uhr bin ich am Herd. Ich muß mein Instrument spielen. Ich richte jeden Teller mit an. Wenn ich die Cloche daraufsetze, muß ich sicher sein, das Essen ist perfekt. Sollte es dann einmal eine Reklamation geben, habe ich die Verantwortung, dann bin ich es auch, der sich damit auseinandersetzt."

Und wirklich, Harald Wohlfahrt steht in seiner Küche wie der Dirigent vorm Orchester. Sein Platz ist an der Stirnseite des Herdes. Er läuft mit seinen Edelstahlflächen und Induktionsfeldern wie eine Tafel auf ihn zu. An beiden Seiten arbeiten seine acht Köche, er ist die letzte Station. Mit ernster Ruhe, hochkonzentriert, dabei fast ein wenig entrückt, hypnotisiert er gleichsam die werdende Schöpfung auf dem Teller. Aus seinen Hosentaschen ragen silberne Löffelstiele, ein Griff, und schon kann der Meister kosten. Ist das Gericht fertig, der Sankt-Peters-Fisch mit Krustentierkruste, die Variation von Wachtel und Gänseleber, das Rotbarbenfilet mit pochierten Felsenaustern auf Limonen-Ingwer-Sud, dann stellt der Chef den Teller persönlich auf den Paß und „clochet" ihn „ab". Sofort greift der Service zu. Sekunden später hat die Sternenspeise ihren Auftritt beim Publikum.

Wer so arbeitet, schafft aus Passion, aus einer ebenso aufregenden wie genußvollen Nähe zur eigenen Phantasie. „Die Leidenschaft kam bei mir aber erst nach der Ausbildung. Vorher war es ja nicht möglich, eine so artifizielle und persönliche Küche zu realisieren. Ich vergleiche den Koch gerne mit einem Maler. Kaum ist ein Gericht fertig, schon ist man auf der Suche nach dem nächsten. Aber während der Ausbildung, da bekam man im Prinzip alle Bilder vorgegeben und mußte sie nachmachen. Erst wenn man eigene Dinge realisieren kann, schafft man auch seine eigenen Bilder, eigene Teller, eigene Gerichte, und die haben

Verführerischer Auftakt: Langustinen in asiatischer Würze.

Gütesiegel c Harald W setzt a Gericht eiger die (

dann mich und meine Arbeit geprägt und weitergeformt."

Bei der warmen Pastete von Rehkitz, Fasanenbrust und Gänseleber ist allein der Blätterteig eine Köstlichkeit.

Glücklich, wer auf seinem kreativen Weg von soviel Publikumszuspruch bestätigt wird wie Harald Wohlfahrt. Die vierzig Plätze der Schwarzwaldstube sind am Abend regelmäßig auf Monate ausgebucht. Mittags ist der Zugang leichter, ohne Reservierung aber auch nicht zu empfehlen.

Glücklich aber auch, wer von Beginn an so ein sicheres Gefühl für den Stil hat, in dem er kochen will. „Wir haben nie eine avantgardistische Küche gemacht, eine provozierende Küche, bei der der Gast den Teller anschaut und sich fragt: Will ich das überhaupt essen? Ich denke, wir machen eine Küche aus Grundzügen des Überlieferten, aber mit eigenem Zeitgeist, mit eigenem Know How, mit eigener Leichtigkeit und einer eigenen Geschmacksintensität."

Harald Wohlfahrts Küche ist auf Klassik aus, das heißt, bei ihm bleibt die Innovation immer eine Dienerin der Ausgewogenheit. So unterhöhlt sein Vermögen, immer leichter zu kochen, nie die Kraft seiner Aromen, so unterstützen auch Geschmackskontraste immer die Harmonie der Komposition; und die Komposition hat immer nur ein Ziel, zu enthüllen, wie das Produkt original schmeckt.

Beispiel handwerklicher Meisterschaft: Soufflé von weißer und dunkler Schokolade mit marinierten Schwarzwälder Beeren.

Dabei setzt durchaus Besessenheit ein. Harald Wohlfahrt erzählt gerne die Geschichte vom Blätterteig. Nirgendwo hat er ihm so gut geschmeckt wie in Frankreich, und selbstverständlich durfte das französische Restaurant, dem er vorsteht, nicht ohne diese originale Geschmacksgüte sein. Aber alle küchentechnischen Verfeinerungen halfen nichts, sein Blätterteig kam ans Original nicht heran – bis der Chef die Lösung fand. Er fuhr nach Frankreich, kaufte die Rohzutaten dort, und siehe da: „Das Mehl hatte einen anderen Mahlgrad als bei uns, die Butter eine andere Beschaffenheit, und das Zusammenwirken all dieser Dinge brachte plötzlich auch bei uns diesen wunderbaren Blätterteig hervor." Man kann sich denken, wie akribisch Harald Wohlfahrt heute seine Produktquellen recherchiert.

Wie fein dieser Blätterteig schmeckt, und wie raffiniert Wohlfahrt mit ihm arbeitet, zeigt eines seiner schönsten Gerichte, die Warme Pastete mit Rehkitzrücken, Fasanenbrust und Gänseleber. Eingefangen von der Teighülle, entwickeln die drei Produkte eine so innige Harmonie, daß auch die edle Fasanenbrust, die gleichwohl so leicht zu Trockenheit und geschmacklicher Blässe neigt, dabei saftig und aromatisch aufblüht. Die Kreation zeigt einen Grundzug in der Cuisine der Schwarzwaldstube. Die Tourte, ein Klassiker der hohen französischen Küche, wird durch Wohlfahrts Inspiration zum neu erfundenen Geschmacksereignis.

Jeder Tisch zeigt Tafelkultur bis ins kleinste Detail, vom silbernen Chandelier bis zum Putto aus edlem Porzellan.

Das Interieur der Schwarzwaldstube orientiert sich nicht am französischen Stil der Küche, sondern, naheliegenderweise, an der Natur, die durch die Fenster scheint. Den Tannenwäldern überm Tal entspricht das Tannenholz edler Tischlerkunst. Taubenblaue, sonnengelb durchwirkte Jacquardstoffe sorgen für geschmackvolle Eleganz. Wie erwähnt, ist die Schwarzwaldstube das Gourmet-Restaurant der Traube Tonbach, eines der luxuriösesten Hotels Deutschlands. Klar: Wer hier wohnt, sieht in der Regel auch einen Besuch bei einem der brillantesten Köche Europas vor. Ebenso effektvoll wirkt die Umkehrung. Wer bei Harald Wohlfahrt speist, hat oft zum Tisch auch gleich die feinste Zimmerkategorie geordert. Hausherr Heiner Finkbeiner und sein Sterne-Cuisinier leben in fruchtbarer beruflicher Symbiose.

Und beide setzen traditionsgemäß auf das Können der Jugend. Sie investieren in frühe Ambitionen und ernten dafür Kontinuität. Der Gast sieht gerne Gesichter wieder, die er mit genußvollen Erlebnissen verbindet. Restaurantchef Jean-Luc Pussin, ein junger Mann aus der Gegend von La Rochelle, führt einen hochkompetenten, unaufdringlichen und liebenswürdigen Service. Er gehört bereits seit einem Dutzend Jahren zur Schwarzwaldstube. Stéphane Gass aus dem Elsaß, mit seinen 28 Lenzen einer der besten Weinkellner Deutschlands, vom Gault Millau schon zum Sommelier des Jahres gewählt, arbeitet mit dem Maître seit neun Jahren zusammen. Köstlichkeiten, die der eine zum gekonnten Auftritt auf der Restaurantbühne geleitet, begleitet der andere mit raffinierten Wein-Ideen, ganz im Sinne des Chefs. „Essen und Wein, das gehört in der europäischen Kochkultur zusammen, das ist wie Mann und Frau. Wenn man Weine kredenzen kann, die zum Essen passen, dann hebt das einfach den Genuß." Stéphane Gass kann, und für offene Ohren hält er ein scheinbar unerschöpfliches Wissen über Winzer und Lagen, Châteaus, Jahrgänge und Aromen bereit.

So treten sie denn in erlesener Gesellschaft auf, die Schöpfungen aus Harald Wohlfahrts französischer Küche, Klassiker der Haute Cuisine Française wie der gebratene Loup de Mer, flambiert mit Fenchel und Ricard an Estragon-Sauce, ein Gericht der ersten Stunde, von Gästen bis heute erinnert und geordert, dazu die formidablen Kreationen, mit denen Wohlfahrt eigene Wege geht, sein gedämpfter Hummer mit konfitierten Gemüsen in leichtem Safransud etwa, sein Filet vom Stör im Kartoffelstroh auf Champagnersauce mit Kaviar oder seine Chartreuse von weißen Rübchen, gefüllt mit Trüffeln und Gänseleber, an Trüffelbutter.

Wie schön, daß der Chef so leicht kocht und damit Gelegenheit schafft für große Menüs. Wie fein aber auch, daß schon kleine Speisefolgen die Essenz seines passionierten Instrumentenspiels bieten, ganz nach Harald Wohlfahrts Motto: „Genuß ist nicht Menge. Genuß ist für mich Konzentration, Qualität und Lebensfreude."

Stilvoller Auf für den Aperit den Kaffee d die Bar der Sc wal

RESTAURANT BAREISS

Claus-Peter Lumpp geht oft in die Luft – nicht unbedingt in seiner Küche, da schätzt er Teamwork, wie er versichert – nein, im nahen Norditalien. Wenn er dort mit seinem Paraglider im grenzenlosen Azur über den Tälern schwebt, ist ihm das mediterrane Flair, das er so liebt, sind ihm die Menschen, die Atmosphäre, die ihn immer wieder inspirieren, ganz nah.

Da, wo er arbeitet, ist es enger. Da sitzt er im Tal, genauer gesagt im Baiersbronner Ortsteil Mitteltal, umgeben von steilen Schwarzwaldhängen. Da hat er neben sich, in Baiersbronn-Tonbach, einen anderen Sternesammler, Harald Wohlfahrt. Wie der Kollege in der Traube Tonbach steht auch Claus-Peter Lumpp im Restaurant Bareiss dem topgastronomischen Aushängeschild eines der exklusivsten deutschen Ferienhotels, des Hotels Bareiss, vor. Wettbewerb belebt. Und wie für alle Cuisiniers, die den Gipfel der Gourmandise erklimmen, wird auch für Claus-Peter Lumpp – er verteidigt seit seinem Einstand 1992 erfolgreich zwei Sterne – dort oben die Luft recht dünn. Das meint unter anderem: Die Produkte werden knapp, und das ist kein Nachschubproblem.

Für die Küche der Luxusklasse ist nur der feinste Rohstoff gut genug. So bildet sich ein eng begrenzter Reigen. Lumpp: „Wir sind auf die klassischen Edelprodukte beschränkt, vom Kaviar über Trüffel und Gänseleber bis zum Hummer. Wir machen keinen Kalbskopf, Saibling oder Zander, das bieten die anderen Restaurants des Hotels Bareiss. So arbeitet man immer mit den gleichen Produkten. Das ist, wie wenn Sie ein Lied komponieren. Es gibt nur eine bestimmte Anzahl von Tönen, und damit müssen Sie immer neue Lieder erfinden. So machen wir das mit unseren Produkten auch."

Lumpp hat Erfolg. Gourmets genießen an einem kleinen Ort im Schwarzwald zwei der brillantesten Küchen Deutschlands und zugleich zwei ganz unterschiedliche Küchenstile.

Aromatische [...] werker im Sch[...] wald: Claus[...] Lumpp un[...] Weinkelle[...] Restaurants Ba[...]

PETRUS
PETRUS
PETRUS

Man sieht: In der Beschränkung zeigen sich die wahren Meister.

Der Druck der Enge explodiert bei Claus-Peter Lumpp in einem Feuerwerk von Aromen. Sein Temperament bringt Geschmacksstrahlen zum Glühen. Gerichte sprühen über den Gaumen, aromatische Nuancen vibrieren vor Ausdrucksfreude. Sein Mut führt ihn oft an die Grenze der Intensität, Finesse hält ihn davon ab, sie zu überschreiten. Lumpps Küche macht Spaß, sie weckt auf, bringt Lebensfreude. Kein Wunder, daß dieser Könner das Mediterrane liebt. Um seine französische Cuisine weht die Meeresbrise der Côte d'Azur, der Aromenzauber der Provence.

Der Tanz edler Produkte auf dem Boden herzhafter Tatsachen: Rosette von Jakobsmuscheln mit Caviar Impérial. Untergeschlüpft ist eine schlichte Ofenkartoffel.

Wie anregend, so eine Variation vom Kaninchen als Amuse gueule, ganz intensiv der Rosmarin-Jus (wohlgemerkt, der Wildhase kam als zweites Amuse gueule, vorweg gabs schon variierten Schwertfisch in asiatischer Würze). Was für eine Bündelung von Mittelmeergeschmäkkern der Loup de Mer, kräftig kross auf der Haut gebraten, mit Artischocken und Gewürztomaten. Die Artischocke schmeckt – behandelt mit Knoblauch, Kräutern und Balsamico – wie ihre eigene Ur-Idee. Die Tomate – eine schlichte Flaschentomate, getrocknet mit Olivenöl und gezielt gemischten Gewürzen – findet zu frappierender Konzentration.

Mit großer Klarheit und Spielfreude wirbelt Lumpp den Reigen seiner Edelstoffe auf Touren. Da schichten sich Taubenbrust und Gänseleber auf einem Artischockenboden, umkränzt von Trüffelglace und weißem Portweinschaum, dazu gibts Ravioli (durch ihren Teig schimmert Petersilienmousse). Da treffen sich Flußkrebs und Steinpilz im Nudelblatt, umschäumt von Rotweinbutter und der Sauce aus dem Krebscorail.

Mit Witz und überraschender Lust am Simplen durchbricht er oft den engen Kreis und stellt manches Hochprodukt herzhaft auf den Boden. Thunfisch kommt, teils mariniert, teils gebraten, auf einem Bett von Gurken zu liegen, freilich Arm in Arm mit Caviar Impérial. Bei einer Rosette von kurz gratinierten, fast noch rohen Jakobsmuscheln ist eine schlichte Ofenkartoffel untergeschlüpft, abgeschmeckt mit Schnittlauch, Butter und (es führt halt kein Weg daran vorbei) mit Kaviar. Das Gericht ist so leicht, nicht zuletzt dank der Säure einer Limonen-Pfeffer-Vinaigrette, daß es schwebt.

Kaum ein Gang, der ohne aromatischen Zusatzpfiff zum Gast gelänge. Das Stubenküken auf Pinienkern- und Gänseleber-Risotto zum Beispiel: Diese köstlichen Fäden dabei, mit dem hochkonzentrierten Fruchtgeschmack, entpuppen sich als Apfelreduktion, drei verschiedene Sorten klingen zusammen. Oder der Reh-

Ort heiterer El
das Zwei-
Restaurant ei
exklusivste
schen Ferier
Vorm Fens
Schwarzwal

kitzrücken: Das edle Wild wäre schon mit seinen speziellen Aromaten ein Hochgenuß (duftiger Staub, gemixt aus Wacholder, Nelken, Lorbeer, Thymian und Rosmarin wird beim Nachbraten aufs Fleisch gelegt). Doch nicht so im Restaurant Bareiss. Da kommen noch Selleriewürfel und schwarze Nüsse mit und – auch beim Kitz aus dem Schwarzwald läßt das Mittelmeer grüßen – Datteln, gefüllt mit Romanesco.

Sie brauchen also kein Mitleid, Genießer, die immer nur Langustinen und St. Pierre, Perlhuhn und Kalbsbries, das Feinste vom Feinen auf dem Teller finden. Ein Koch wie Claus-Peter Lumpp schafft aus solcher Enge eine ganze Welt; und ein Sommelier wie Jürgen Fendt (32 Jahre alt, seit Sommer '99 mit von der Partie) geht darin mit den Gästen flugs auf Reisen. Erst vielleicht, wie es einer seiner Vorlieben entspricht, in deutsche Lande, ins badische Durbach etwa, zum Weingut Männle und seiner trockenen Spätlese vom 98er Grauburgunder „Er nimmt so gut das Nussige von der Jakobsmuschel auf." Oder an die Nahe. Emrich-Schönleber macht dort vom Monzinger Halenberg einen feinen Riesling. „Damit würde ich gern auf Ihrem Gaumen ein bißchen Achterbahn fahren. Die Flußkrebse haben etwas Süßliches, auch die Steinpilze, und was Weiches, so verlangt das Gericht nach etwas Lebendigem, Frischem, Säurebetontem; und dieser Riesling, was für eine schöne Herausforderung."

Fundgrube für phantasievolle Sommeliers und ansonsten einfach eine Schau: der Weinkeller.

Dann aber ab in den Süden. Wo Claus-Peter Lumpp im Paraglider durch den Himmel saust, streift Jürgen Fendt am Boden durch die Rebzeilen. Wir sind in der Toskana, in einer Stadt mit dreizehn Geschlechtertürmen: San Gimignano. Wir haben im Glas einen 97er Vernaccia der Tenuta Mormoraia. „Bei diesem Vernacchia finden wir eine spannende Kombination. Er hat was Blumenduftiges, dazu ist er im Holzfaß ausgebaut, so bekommt er Struktur und diesen leicht cremigen Ton. Das paßt zu den Röstaromen des Loup de Mer, und seine südländische Herkunft zum Olivenöl und den Tomaten."

Und jetzt strömt ein Duft aus dem Kelch der Serie Grand Palais von Spiegelau, der uns wie im Flug an den Pazifik zaubert, an die Küste Kaliforniens, in die Berge von Santa Cruz. In der Kristallkaraffe atmet die rote Kreszenz „Lytton Springs" des Weinguts Ridge, von Kennern hochgeschätzt, eine Cuvee Jahrgang 1996 aus vier Rebsorten. Sie wachsen seit langem gemeinsam im Weinberg als Mischsatz. „Ein komplexer, sehr dichter, vielschichtiger Wein, im Moment etwas jugendlich noch, aber das paßt schön zum Fleisch vom Kitz, vom jungen

Taubenbru
Gänse
geschichtet auf
Artischockenb
Neben schw
Trüffeln schi
Petersilienm
durch den R

Reh. 28% Zinfandel, dazu Petit Syrah, eine Rebsorte, die sonst auf der Welt kaum vorkommt, und noch zwei andere Traubenarten, man kann sie selbst im Weingut nicht mehr genau zuordnen. Der Petit Syrah ist in '96 bestens ausgereift, sonst ja ein sehr zurückhaltender, gerbstoffbetonter Wein, aber in diesem Jahr bringt er die Frucht nochmal ganz nach vorne. Wir haben die reifen Himbeer-Brombeer-Aromen vom Zinfandel, und sie werden noch einmal unterstrichen von der Finesse des Petit Syrah. Wunderbar das Spiel mit dem Holz. Die amerikanische Eiche ist etwas wärmer, etwas lauter im Duft, ihre Anklänge von Schokolade und Kakao treffen genau die Würzaromen des Gerichts."

Es könnte lange so weiter gehen. Bei jedem Vorstoß der Küche ergießt sich ein neuer prickelnder Wein, schickt ein anderes Rebland Grüße. Aber wie bei jedem Flug, einmal müssen wir wieder hinunter; und es ist ja hübsch im Schwarzwaldtal, im schmucken Restaurant Bareiss. Das zentrale Blumenbukett ragt aus einer Schale von Lalique, drumherum stehen fein gedeckte Tische, von Maître Thomas Brandt sinnvoll arrangiert. Die Anrichte ist eine englische Antiquität aus dem 18. Jahrhundert, ein versteckter Mechanismus in der Wand kühlt ihren Vitrinenaufsatz, hinter Glas warten leere Karaffen, wohltemperiert. Ein stilvoller Start- und Landeplatz für Claus-Peter Lumpps aromatische Höhenflüge.

Maître Thomas Brandt hat eingedeckt, das Mahl kann beginnen.

Anlaß für ein nierte Weinb tung: Flußkreb. Steinpilze im blatt, umspi Rotweinbutt Corail

JOHANN LAFER

Johann Lafer ist wohl der bekannteste Sternekoch in Deutschland. Ihn kennen nicht nur die Gourmets und Eingeweihten. Der charismatische Grazer mit dem prägnanten Schnauzbart ist auch in den privaten Küchen der Republik zu Hause. Auf sechzig Sendestunden bringt es der beliebteste deutsche Fernseh-Koch durchschnittlich pro Jahr. Via ARD, ZDF und 3sat, Bayerischer Rundfunk oder n-tv verrät er Hausfrauen, Hausmännern und anderen Kochverrückten die Geheimnisse und Tricks seiner Profession. Wem das nicht genügt, der besorgt sich seine Kochbücher, und verbringt die schönsten Hobbystunden damit, Johann Lafers Rezepte nachzukochen.

Hinter Lafers unermüdlichem Einsatz für die Verbesserung des bundesrepublikanischen Herdkönnens steckt seriöse Professionalität. Das erhellt allein schon daraus, daß es der Steiermärker quasi nebenbei noch schafft, auf seiner Stromburg im Hunsrück eine der renommiertesten Speisestätten Europas zu führen, das Zwei-Sterne-Restaurant Le Val d'Or. Nicht nur das Publikum ist von der Kontinuität seiner Spitzenqualität begeistert, auch die Tester. Greifen wir ein jüngeres Highlight aus der Galerie seiner Auszeichnungen heraus: Der Gault Millau wählte ihn zum Koch des Jahres und brachte in der Laudatio sein Küchen-Profil auf den Punkt: Johann Lafer „interpretiert alle faszinierenden Küchenstile der Welt auf kluge, sinnliche, subtile Art. Und macht feine Küche in den Medien so schmackhaft, daß die Gäste immer wieder Appetit bekommen."

Gut gesagt. Bei Lafer brilliert die asiatische Meeresfrüchtevariation mit Singapurnudeln in thailändischem Sud in der Tat nicht weniger als das Schaumsüppchen vom Atlantikhummer mit Jakobsmuschel-Tortelloni und heimischem Bärlauch. Lassen wir uns die Lektüre eines seiner aktuellen Menüs auf der Zunge zergehen: Dreifacher Gruß aus der Küche (da rührt sich beim Schreiber spontan die Erinnerung an ein wunderbares Amuse gueule von vor ein paar Jahren, ein delikates Trio von Wachtelkeulchen auf Linsensalat, Fischparfait mit Kaviar, Kalbszunge). Vorspeise: Carpaccio vom Königsfisch mit gebackenen Scampi und Glasnudelsalat. Fischgang: Suprême vom Saint Pierre mit Lauch und Kaviar. Erfrischung vorm Hauptgang: Mangosorbet. Hauptgang:

Was für ein süßes Handwerk: Lafers soufflierte Erdbeertarte.

Burgherr, Buc
Fernsehstar unc
Sterne-Cuisin.
Grazer Johan

Stromberg
LE VAL´D´OR

Gratiniertes Lamm-Carrée mit gegrilltem grünen Spargel und Polenta-Chili-Soufflé. Käse vom Wagen. Dessert: Cappuccino mit Rhabarberterrine und Moccaschaum. Wirklich wahr, wem da nicht der Appetit kommt ...

So zergeht edles Fleisch auf der Zunge, perfekt auf den Punkt gegart.

Auf der Stromburg, dem alten Rittersitz hoch über dem Hunsrück-Städtchen Stromberg, heißen Johann Lafer und seine Frau Silvia Gäste seit 1994 willkommen. Der Name des Restaurants erklärt, wo sie vorher waren. Wenn wir Le Val d'Or übersetzen, kommt Guldental heraus, und im idyllisch-ländlichen Weindorf gleichen Namens, es liegt südlich zwischen Stromberg und der Nahe, haben die Lafers mit dem alten Le Val d'Or auch ihren Aufstieg zur hochbesternten Gourmetadresse geschafft.

Irgendwann war das intime Restaurant mit seinen dreißig Plätzen dann einfach zu klein angesichts des heftig andrängenden Publikums. Dazu kam ein Plan, der nur durch Umzug realisiert werden konnte. Johann und Silvia wollten ihrem, oft von weither anreisenden Gästekreis auch ein Heim für die Nacht bieten, und es sollte dem Niveau des Restaurants natürlich in nichts nachstehen. Auf der Stromburg haben sie ihre Vison realisiert. Lafer hat den alten Adelssitz zu einem romantischen Relais-&-Châteaux-Refugium ausgebaut, mit dreizehn Zimmern und einer mehrstöckigen Turmsuite, mit herrlichen Terrassen, eine auch fürs neue Le Val d'Or, mit Rundblick über Stromberg und die bewaldeten Hunsrückhöhen, und mit der Turmstube, einem stilvoll-gemütlichen zweiten Restaurant für die einfacheren Genüsse, na ja, was eben bei einem Zwei-Sterne-Meister einfach heißt: Es ist schon ein Vergnügen, sich an den blankgescheuerten Ahorntischen Schmankerl wie gegrillten weißen Heilbutt mit Shiitakepilzen und Basilikumgnocchi oder Kalbsleber in Honig-Schalotten-Sauce schmecken zu lassen, ganz zu schweigen von „Johanns Schnitzel vom Kalb mit Gurkensalat", wohinter sich natürliches ein waschechtes, ideal gebrutzeltes Wiener Schnitzel verbirgt.

Raffinierte Begleitung: Die Scampi treten mit einem Mille feuille von gegrillten Gemüsen auf.

Daß der Val-d'Or-Keller internationales Sterneformat aufweist, versteht sich. Weinfreunde genießen das zusätzliche Glück der besonderen Lage. Die Nähe der Nahe bringt

Tafelkultur m
auf die Höh
Hu

die besten Kreszenzen dieser kleinen und doch so fein gewordenen Weinregion in die Gläser. Namen wie Diel, Dönnhoff oder Schönleber lassen Kenneraugen leuchten.

Könnte die Frage aufkommen: Was wurde aus dem alten Le Val d'Or in Guldental? Nun, Johann Lafer nutzt die Räume noch heute, und wofür er das tut, ist vielleicht nicht nur den Hinweis auf eines seiner reizvollsten Angebote wert, sondern einen Satz mehr. Vom deutschen Küchenwunder ist in diesem Buch mehrfach die Rede, vom Aufblühen einer Gourmandise auf internationalem Top-Niveau, das 1971 im Tantris begann und heute für ausgedehnte kulinarische Blumenwiesen in den deutschen Landen sorgt, auf der Sterne-Ebene, aber auch dicht darunter. Dabei wurden nicht nur die Köche immer besser. Eine andere Entwicklung ging einher: der wachsende Sachverstand des Publikums. Gäste, die sich heute aktiv als Feinschmecker auf Sternereisen begeben, verstehen inzwischen sehr viel vom Essen, und oft einiges vom Kochen. Es haben sich Einsichten gebildet, die den eigenen Genuß fördern, die aber auch die Cuisiniers neu fordern. Letztere begrüßen das durchaus. Es macht ihnen Freude, für Menschen zu kochen, die eine Ahnung davon haben, was Kochkunst bedeutet.

Es dürften im Wesentlichen zwei Antriebe sein, die für das Streben der Laien nach professionellem Wissen sorgten, die Lektüre der Fachkritik (Beispiel Gault Millau: Im Gegensatz zum Michelin begründet dieser Führer seine Wertungen ausführlich und präsentiert seine Kommentare in der Regel mit Kompetenz und Sachverstand) – und die Hobbyküche. Wer einmal weiß, wie große Küche schmeckt und selbst das Kochen liebt, wird nicht nachlassen, am eigenen Herd zumindest Annäherungen zu unternehmen.

Wie offen gerade Sterneköche für die Neugier ihrer kochenden Gäste sind, belegt die Tatsache, daß sie zunehmend Kurse geben. Johann Lafer ist da Pionier. Als Perfektionist von

Johann Lafer spielt mit den Stilen, hier seine Variation von asiatischen Meeresfrüchten.

Schmuckstü… Stromburg: da… Le Va…

Kochlehrer Lafer: Das alte Le Val d'Or in Guldental präsentiert sich heute als Le Table d'Or, ein perfekt ausgestattetes Kreativzentrum für Hobbyköche. Ganz rechts: Profi-Köchinnen im Kräutergarten der Stromburg.

hohen Graden hat er auch in dieser Angelegenheit Nägel mit Köpfen gemacht. Er hat die Räume des alten Val d'Or zum „Table d'Or" umgebaut, zu einem einzigartigen Kreativzentrum für Hobbyköche, mit schicken Interieurs und erstklassigem Technik-Standard; und während er als Fernsehkoch gute und feinere Küche für einen breiten Kenntnisstand griffig macht, bringt er Hobbyköchen im Table d'Or Techniken und Wissensfelder aus der Sternegastronomie nahe, von der Saucenzubereitung über frische Gemüseküche bis zur Fischcuisine, von der eleganten Tafelkultur bis zur Messerkunde. Beeindruckend, mit welcher Technologie er lehrt. Videokameras übertragen die Demonstrationen Lafers am Herd so, daß die Kochschüler jedes Detail auch auf dem Monitor studieren können, und die Auswahl der Herde ist raffiniert durchdacht. Johann Lafer hat sich für seine Kochkurse eine Küche bauen lassen, die es ihm selbst erlaubt, professionell zu lehren, die es seinen Klienten aber auch möglich macht, das Gelernte zu Hause auf gleichem Niveau anzuwenden. Geräte, die im Table d'Or stehen, gehen mit ihrer ganzen Hightech, von schnellaufglühenden Blitzkochzonen bis zu Massekochplatten oder Backraumteilern, auch in die private Küche einzubauen. Was für Ausblicke für den kleinen Sternekoch zu Hause! Befürchtungen, daß sich dadurch irgendwann der Besuch im Le Val d'Or auf der Stromburg erübrigen könnte, dürfen wir wohl zerstreuen. So gut wie Johann werden wir nie.

Auf den Teller gezeichnet: Grand-Marnier-Schaumtörtchen mit Walderdbeeren.

Die Val-d'Or-Te ein Idyll f schm

RESIDENZ HEINZ WINKLER

Donnerwetter, rief Heinz Winkler aus, als er zum ersten Mal das imposante Bauwerk sah, das bald darauf seine „Residenz" werden sollte. Er fand es in Aschau, einer 4000-Seelengemeinde zwischen dem Chiemsee und den Chiemgauer Alpen; und es war nicht nur die barocke bayerische Pracht, die Heinz Winkler faszinierte. Dabei steht das Traditionshaus der dörflichen Szenerie am Fuß der Kampenwand gut zu Gesicht. Reihen rot-weißer Fensterläden grüßen strahlend unterm weiß-blauen Himmel. Die Fassaden präsentieren sich im gleichen sonnigen Ocker wie gegenüber die Pfarrkirche mit den beiden Zwiebeltürmen. Auf der Front zum Kirchplatz zeigen Lüftlmalereien über der schweren Eichentür zwei Schutzpatrone, rechts den Heiligen Georg, links den Heiligen Florian; von einem zum anderen schwingt ein Schriftband mit dem alten Hausnamen „Hotel zur Post" (und inzwischen auch mit dem neuen „Residenz"); und unten am Eck weist eine Tafel den Betrachter darauf hin, daß er vor einem Gebäude steht, das „über Jahrhunderte das bedeutendste Tafernwirtshaus des westlichen Chiemgaus" gewesen ist. Auch im Innern lassen architektonische Merkmale, die Kreuzgewölbe aus dem 15. Jahrhundert etwa, an die historische Bautradition der Gegend denken.

Heinz Winkler präsentiert vor einem Ausblick ins Mediterrane seine „Cuisine vitale".

Aber Heinz Winkler faßte aus der Perspektive des Südtirolers (er wurde in Brixen geboren, absolvierte in Bozen seine Kochlehre) noch ganz andere Stilschönheiten auf. Schon die Fensterläden zeigten ja offensichtlich nicht die bayerischen Farben, sondern die der Habsburger. Balkone mit bayerisch-barocken Holzbrüstungen fehlten auch. Stattdessen schmückten im ersten Stock hexagonale Renaissance-Erker die vier Ecken des Stammhauses, und das vorspringende Pyramidendach, das man dem zweiten Stock im Jahr 1856 aufgesetzt hatte, war mit seinen geometrischen Ornamenten an der Unterseite eindeutig venezianisch. Sah man dazu den nahezu rechteckigen Grundriß, hatte man eher einen südländischen Palazzo vor Augen.

So erfuhr das noble Bauwerk unter Winklers Blick eine reizvolle Verrückung ins Mediterrane, und es war wohl dieser verborgene südländische Charme, der die Liebe zu seiner „Residenz" maßgeblich begründete. Jedenfalls legt die zauberhafte Gestaltung der Innenräume, die er als neuer Hausherr veranlaßte, solche Vermutung nahe.

Der Venezian
Festsaal, d
staurant der Res
Heinz W

Oben: Die Terrasse mit Blick in die Chiemgauer Alpen. Rechts: Die Residenz-Suite mit einer der vielen Wandmalereien von Franz Feistl.

Das luxuriöse Refugium präsentiert sich heute mit 32 Zimmern und Suiten, teilweise mit Balkon, Terrasse, Garten, Bergblick, mit dem Venezianischen Festsaal für kulinarische Spitzenerlebnisse, dem Gartensalon und dem Mozartgewölbe für feine Gesellschaften und mit einer herrlichen Terrasse vor der dramatischen Alpen-Kulisse. Und überall heben Gäste nicht nur durch ausgesuchte Interieurs, aufmerksame Betreuung und außergewöhnliche Gourmet-Events vom Alltagsboden ab. Im ganzen Haus öffnen sich durch malerische Effekte auch Räume in die Welt der Illusion, und die ist getaucht in den Charme des Mittelmeers. Der Aschauer Maler und Restaurator Franz Feistl schuf für Heinz Winkler mit einer Technik, die zwischen italienischer Trompe-l'œil-Kunst und bayerischer Lüftlmalerei changiert, diese eleganten, poetischen und verspielten Ausblicke.

Im Mozartgewölbe ließ er sich von den Lustgärten des Rokoko und der Landschaftsmalerei englischer Salons des 19. Jahrhunderts inspirieren. Dort sitzt man an festlicher Tafel auf originalen Queen-Victoria-Stühlen und genießt die Aussicht in eine mediterrane Zypressenidylle. Im Stammhaus führt ein langer Gang vom schweren Eichenportal bis

Was für ein Menü-Ausklang: Dôme chocolaté.

Heitere Amb für private der Garten

Die Residenz präsentiert sich nicht nur als kulinarisches Fest, sondern auch als Wellness- und Beauty-Oase, hier der Pool mit Gegenstromanlage im alten Gewölbe.

Das Restaurant, der Venezianische Festsaal, zeigt eigene imaginäre Spiele. Auf dem Damast schimmern Gerard Bouviers Skulpturen aus Tafelsilber. „Paulus' Bekehrnis", das Bildwerk eines Rubensschülers, wird von zwei Türen flankiert, durch die eine geht man wirklich, die andere ist Schein. Das Mauerwerk in den Bogennischen ist verspieltes Trompe-l'œil, mehrfach gespiegelt. Überall mischt sich Wirkliches mit Kunst – ein verträumter Rahmen für Heinz Winklers traumhafte Zwei-Sterne-Cuisine.

zur Rezeption und zur Lounge. Gäste gehen über Buxi-Sauvage-Marmor aus Bordeaux, über sich das jahrhundertealte Kreuzgewölbe. Dabei verwandeln sich die Wände in strukturierte florentinische Mauern, vorne wölbt sich unter einem klassischen Frontispiz ein Muschelbogen über jonischen Säulen, Steinbalustraden führen die Treppen hinab. Das Publikum wandelt durch einen südlichen Palazzo.

Wenn der Hausherr unten vorm Weinkeller Champagner testet, steht er unter einer Pergola, überwachsen mit Trauben und Laub, der kleine Gang weitet sich zum tiefen Faßgewölbe. Wenn er mit PR- und Marketing-Managerin Cecilia Stalleicher im Gartensalon Rezepturen diskutiert, lugt ihm eine von Feistl geschaffene Magd über die Schulter, und selbst in der luxuriösen Residenzsuite blickt man nicht nur hoch zur Chiemgauer Kampenwand, sondern via Trompe-l'œil auch an einer Pinie vorbei, hinab auf pittoreske antike Ruinen.

Phantasie und Kreativität sind ihr Elixier, dazu die Ambition, die Gäste mit Menüs nicht nur nicht zu belasten, sondern sie darüberhinaus regelrecht zu vitalisieren. Winklers „Cuisine vitale" nützt das alte Wissen um die Heil- und Wirkkraft der Kräuter und Gewürze. Sie werden je nach ihren wohltuenden Effekten in den Speisenablauf einkomponiert, keine Folge ist etwa ohne einen Gang mit verdauungsfördernder Petersilie denkbar. Klassiker wie die Bressetaube mit Petersilienmousseline, die geräucherte Entenbrust mit roter Bete und Meerrettich, die Hummermedaillons in Safransauce kommen so nicht nur als geniale Geschmackskompositionen eines Kochs von Weltrang auf den Tisch, sie tragen auch euphorisierendes Schmuggelgut mit sich. Meerettich und Safran etwa waren wegen ihrer natürlichen Wirkkräfte schon in klassischen Hexenzeiten hochgeschätzt.

Von der Tafer… schaft zum Gou… Palast: Garten… auf Heinz Wir… Resi…

Grande Cuisine und edles Porzellan: Das Savarin von Fenchel auf „Relation" von Hutschenreuter.

Mit der gleichen Philosophie setzt Heinz Winkler, der mit einunddreißig Jahren im Tantris der jüngste Drei-Sterne-Koch aller Zeiten war, seine Schwerpunkte im Weinkeller. Als klassische Faustregel empfiehlt er gern, mit einem leichten, frischen Wein zu beginnen, und danach einen Chardonnay aus dem Burgund, ausgebaut im Barrique, zu wählen, seiner digestiven und heilsamen Ingredienzien wegen. Wenn dann noch das Hauptgericht von einem roten Bordeaux begleitet wird, einem Wein, auf dessen medizinische Kräfte schon die französischen Königsfamilien schwörten, ist alles für einen glücklichen Ausgang der Genießerreise getan. Denn, so Heinz Winkler: „Ein Wein muß glücklich machen, sonst gehört er nicht in meinen Keller!"

Für glückliche Tage in der Aschauer Residenz sorgen nicht nur die Highlights einer exzeptionellen Küche und die heiter beschwingte Ambiance. Heinz Winklers Team bietet übers ganze Jahr auch abwechslungsreiche Kultur- und Schönheitsprogramme. Das Estée Lauder Skincare Center fördert mit exklusiven Produkten und individuellen Anwendungsprofilen Beauty und Wellness der Gäste. Sehenswürdigkeiten im Umland von der hinreißenden Bergnatur über die historischen Königsschlösser bis zu den Oldtimern des Museums für deutsche Automobilgeschichte in Amerang sind Anreize, auch mal Ausflüge zu planen. Hochkarätige musikalische Events finden in der nahen Umgebung, aber auch im Haus statt. Die kunstbetonte Szenerie der Residenz erweist sich dabei natürlich als ideale Bühne. Da zählt zu den Höhepunkten des Sommers vielleicht ein barockes Rosenfest. Dann spielen Mitglieder der Salzburger Kammersolisten und der Musika da Camera Prag zu einer musikalischen Soirée auf, und Heinz Winkler komponiert ein spezielles Menü rund um die Rose.

Mit den musikalischen Highlights der nahen Umgebung sind selbstverständlich die Salzburger Festspiele gemeint. Heinz Winklers Aschauer Palazzo bietet sich dabei alle Jahre wieder als erlesene Residenz abseits des Festival-Rummels an. Fans von Salzburg und Winkler nützen gerne sein Festpiel-Arrangement. Es bietet neben anderen Leckerbissen zwei Übernachtungen, ein fünfgängiges Splittingmenü am Aufführungsabend und den Limousinentransfer nach Salzburg (man fährt ca. 45 Minuten). Dazu kommt ein Service, den Kenner angesichts notorisch ausverkaufter Vorstellungen zu schätzen wissen. Heinz Winklers Residenz kümmert sich für ihre Gäste um die Reservierung aller Karten, und so öffnet sich manche verschlossen geglaubte Tür.

Koch oder Maler? Manchmal zögert man richtig, so ein optisches und aromatisches Gedicht anzuschneiden.

„Ein Wein muß g… lich machen, … gehört er nicht i… nen Keller!" … Winkler b… Champagnerp…

Heinz Winkler

HANS HAAS IM TANTRIS

Während der Österreicher Eckart Witzigmann zur deutschen Kochlegende wurde, stieg das Tantris in München zur Legende unter den deutschen Restaurants auf. Keine andere gastronomische Szenerie ist so sehr zum Inbegriff des Gourmet-Tempels geworden wie der Feinschmeckertreff am Nordrand von Schwabing: die steinernen Fabelwesen vorm Eingang; die schwarz lackierten Wände mit den modernen Gemälden; die steilen Plafonds, mit hitzig roten Teppichbahnen tapeziert; leuchtende Sonnen als Tischlampen und die Beschwörungsformel unterm glänzend roten Gottesauge: „Tantris fröhlich freudig feurig Tantris weinselig dionysisch Tantris Liebeshunger“ und so weiter – irgendwann wird man die Ambiance unter Denkmalschutz stellen.

Das Tantris wurde zur Wiege des deutschen Küchenwunders, aber gebaut hat sie nicht etwa ein begnadeter Koch – der ergriff dann am Herd seine Chance mit dem bekannten fulminanten Ergebnis – gebaut hat das Tantris ein Mann aus dem Publikum, ein Feinschmecker, der mit dem, was ihm die deutsche Restaurantszene bot, ganz unzufrieden war, Fritz Eichbauer. Der Münchner Bauunternehmer fand, Köche sollten keine Konserven wärmen, sie sollten morgens auf den Frischmarkt gehen und kaufen, was die Jahreszeit gerade zu bieten hat. Er richtete an die gehobene Küche den Apell: „Frische Produkte schonend zubereiten!“ Die Forderung war damals revolutionär in Deutschland. Heute läuft sie fast schon Gefahr, zur banalen Formel zu geraten, so selbstverständlich ist die Maxime geworden. Das Programm lief am 2. Dezember 1971 an.

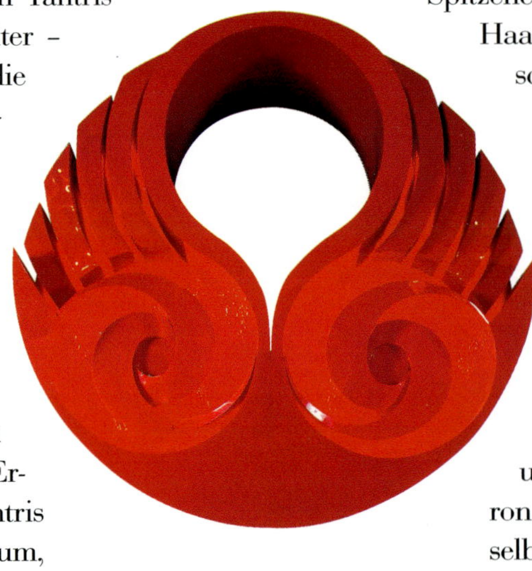

Symbol der ersten Stunde: das leuchtend rote Gottesauge.

Als Fritz Eichbauer mit dem Tantris fünfundzwanzigjähriges Jubiläum feierte, stand in der Johann-Fichte-Straße 7 bereits der dritte Statthalter seiner marktfrischen, kreativen Spitzencuisine am Herd, Hans Haas aus der Tiroler Wildschönau. Mann der ersten Stunde und Begründer des Ruhms war, wie schon erzählt, Eckart Witzigmann. Zwei Sterne hatte er dem Tantris erkocht, als er ging und seine Aubergine aufmachte. Heinz Winkler setzte die Sternenfahrt fort und holte den dritten Macaron. Dann machte auch er sich selbständig, mit seiner Aschauer „Residenz“, und nun übernahm der junge Hans Haas,

*Hans Haas a
Tiroler Wildsc
ist seit acht J
Küche
in Deutsc
berühm
Gourmet-Te*

BÄRENHUNGER
TANTRIS AFFENDURST
SINGT TANTRIS FRÖHLICH FREUDIG

Charismatisches Urgestein und charaktervolle Weiblichkeit: Restaurantchef Peter Kluge, Sommelière Paula Bosch.

ermutigt von seinem Lehrer Witzigmann, das Staffelholz. Wie es die Regel ist, begann der neue Mann mit geleertem Sternenkonto, heute ist Hans Haas acht Jahre Tantris-Chef, und längst sind vor den Eintrag im roten Michelin-Buch wieder zwei Makronen gezeichnet.

Wer dazu die Gerichte liest (der Michelin kommentiert seine Wertung nie, stattdessen führt er bei Sterneköchen drei Gerichte an), der bekommt gleich einen Eindruck von der Eigenschaft, die bei Hans Haas besonders hervorsticht: Zurückhaltung. Da steht zum Beispiel im 99er Guide: „Gefüllte Ofenkartoffel mit Wildlachs und Imperial-Caviar. Rehrückenmedaillon mit Steinpilz-Radicchio-Nudeln. Gelierte Champagner-Suppe mit Waldbeeren und Sauerrahmeis.“ Hinter so schlichten Formulierungen verbirgt sich eine der charaktervollsten und schönsten Küchenhandschriften Europas.

Wir hatten einmal das Vergnügen, mit Hans Haas über den Münchner Viktualienmarkt zu ziehen. Wie von selbst kam Fritz Eichbauers Devise der ersten Stunde zur Sprache: Der Meisterkoch aus dem Tiroler Hochtal war sich mit Emma Tretter, Inhaberin eines der ältesten Stände am Markt, einig: „Das Produkt muß stimmen, und ohne die Saison gibts keine Höhepunkte, da läppert doch alles nur dahin.“ Später haben wir ein paar Meter weiter eine Leberknödelsuppe geschlürft und ein kleines Bier getrunken, und Hans Haas hat uns von den Kochkünsten seiner Mutter erzählt. Bei den „Broaderkrapfen“, die sie mit einer Füllung aus gekräutertem Topfen herausbuk, ist er richtig ins Schwärmen geraten. In Paula Boschs Buch „Weine 1997“ (ISBN: 3-926442-17-4) hat er das Rezept verraten, unter dem etwas eingedeutschten Namen „Wildschönauer Graukäsekrapfen“. Wir hörten also mitten auf dem Viktualien-

Aromen pur: das Kotelett vom Milchkalb mit geschmorten Tomaten und Artischocken.

Das Inter
klassisch gew
der Gesellsch
lon mit seinen
wesen
Plafond, mit
lenen Glitze
und den dreibe
schwarzen
se

markt kulinarische Geschichten aus seiner Kindheit in den österreichischen Bergen, und auf den Bänken um uns herum hat kein Mensch gemerkt, daß am Nachbartisch eine Berühmtheit der europäischen Gourmetszene saß.

Tantris-Markenzeichen: moderne Kunst auf schwarzlackierten Wänden.

Die einfachen, bodenständigen Produkte sind für Hans Haas neben der Edelriege mit Taubenbrust, Hummer und Gänseleber bis heute Inspirationsquellen geblieben. Einige seiner finessenreichsten Klassiker verbergen nicht ihre niedere Abkunft. Der Kopf vom Rind etwa spielt selbst in gutbürgerlichen Kochbüchern nur eine Statistenrolle, und das Fleisch, das die Rindviecher in den Backen haben, taugte dem Metzger auf dem Land früher gerade mal zum Verwursten. Aber plötzlich fällt dem Chefkoch vom Tantris ein, aus den Rinderbäckchen ein Gustostückerl zu zaubern, und jetzt schwärmen Gäste von der saftigen Konsistenz des geschmorten, zartfaserigen Fleisches und genießen es zusammen mit duftigen Marknockerln als Gourmet-Highlight. So sorgte Hans Haas von Beginn an für Überraschungen, machte er sein Publikum neugierig auf den jeweils nächsten Coup. Übrigens, auch Paula Bosch gehört zu den Fans der berühmten Rinderbäckchen. Wenn man auf sie hört, ehrt man den kulinarischen Emporkömmling unbedingt mit einem edlen Gewächs, sie entkorkt schon einmal einen optimal gereiften Chateau Haut Marbuzet von Duboscq aus St. Estephe.

Edles Produkt, erlesen präsentiert: ein Kotelett von der Bressetaube im Spitzkohlmantel mit Morcheln.

Paula Bosch ist die Sommelière des Tantris, mehr, sie ist eine Institution, wenn es darum geht, feine Speisen mit feinen Weinen zu begleiten, ein Glücksfall für jeden Weinfreund, der ihren Empfehlungen folgt, eine Koryphäe ihres Fachs, sie brachte im Gourmet-Tempel die charaktervolle weibliche Note zum Klingen. Zum Dreigestirn werden die Tantrisvorstände mit Restaurantchef Peter Kluge,

Terrine vom jung
lichen Jakobsl
mit Spargelmo
Verwunderlich,
Hans Haas ein
ble für Malerei
bildende Kunst

dem Urgestein des Hauses. Der charismatische Bayer verstand es schon zu Witzigmanns Zeiten, Gäste mit seinem feinen Lächeln förmlich zu beglückwünschen zu dem Einfall, daß sie sich heute Tantris-Gourmandise gönnen.

Noch einmal zurück zu den Genüssen aus den Niederungen. Einer wurde bei Hans Haas schon zu Beginn seiner Ära zum Renner, der Kalbskopf. Das Fleisch aus der Maske mit dem feinen erdigen Geschmack wird lauwarm serviert, dazu gibt es eine Tomaten-Basilikum-Vinaigrette, die ihre wunderbare Säure einem Weinessig aus der Champagne verdankt. Paula Bosch zieht dazu am liebsten einen frischen fruchtigen Riesling auf, ideal etwa eine Oberhäuser Brücke von Hermann Dönnhoff von der Nahe.

Aber natürlich ist Hans Haas auch mit edlen Produkten ein Meister. Schön dabei nicht nur sein aromatisches Können, die Gerichte sehen auf dem Teller auch bestechend aus, man beachte nur, wie er so eine Terrine vom jungfräulichen Jakobslachs mit Spargelmousse zum malerischen Bild komponiert – kein Wunder übrigens: Hans Haas hat, wie er uns verriet, ein ganz enges Verhältnis zur bildenden Kunst, ganz speziell zum Maler und Objektkünstler Jean Lapin, den er seit je her sponsert. (Wer den Namen ins Deutsche übersetzt, kommt hinter den Schmäh.)

Die Fortune des legendären Gourmet-Tempels liegt also heute in den Händen eines Könners, der zwar den Kopf in den Sternen, die Füße aber fest auf der Erde hat: „Man darf nie vergessen, wo man herkommt, man muß am Boden bleiben. Wenn sich's dann einmal dreht, fällt man nicht so weit 'runter." Nun, vom Fallen kann bei Hans Haas keine Rede sein, eher vom weiteren Aufstieg. Das Tantris wird mit dem 42jährigen Spitzenkoch auch künftig seine brillante Bahn ziehen, innovativ, originell, überraschungsvoll. Also, schau' ma mal, ganz nach Paula Boschs Motto: „Neugier ist einer der schönsten Impulse im Leben."

Haas-Gerichte sind immer auch ein Reiz für Fotografen: der gleiche Teller, zweierlei Licht.

Die Patisserie schickt ihre Visitenkarte: Passionsfruchtmousse mit Mango und gefülltem Schokoladenkegel.

Denkmalwü Ambiance: Ar Tischen leuchte Sonnen, vor Wänden loht F

ERNST-HEINER HÜSER

Eine klare Sternennacht macht jede Gegend schön. Ein Restaurant mit Sternenglanz wirkt ähnlich. Es taucht selbst Regionen, die Lukullus' Segen nicht von Haus aus tragen, ins milde Licht der Gourmandise. Nicht jeder feine Gaumen kann in Bayern oder Baden leben. Ostwestfalen hat ganz eigene Reize, auch wenn sie nicht in Reben und verführerischer Landesküche liegen. Auf Cuisine von Welt muß deshalb keiner hier verzichten. Ernst-Heiner Hüser etwa hat sie hergebracht, aus Frankreich, wie sich denken läßt, von der Côte d'Azur und aus Paris. Zehn Jahre studierte der Bielefelder Sternekoch im Nachbarland die Haute Cuisine, an ersten Häusern und mit bemerkenswertem Aufstieg. Er stand im Tour d'Argent am Herd, im Cochon d'Or, und bei Jacques Cagna passierte Außerordentliches. Der Franzose akzeptierte Hüser als Küchenchef. Man stelle sich vor, ein Deutscher Chef in Paris! Was muß der können!

1988 hatte die Heimat Hüser wieder. Er eröffnete in der Metropole am Teutoburger Wald ein Restaurant für hohe französische Küche und gab seiner Auberge den Namen von Bielefelds französischer Partnerstadt. Die „Auberge le Concarneau" fixierte schnell ihren Rang, die Fachpresse geizte nicht mit Auszeichnungen: Ein Stern steht im Michelin; der Gault Millau greift deutlich höher, gibt kontinuierlich seine zweithöchste Note: drei Mützen, 18 Punkte (für „höchste Kreativität und Qualität, bestmögliche Zubereitung").

Statthalter der klassischen französischen Küche in Ostwestfalen: Ernst-Heiner Hüser.

Bei Ernst-Heiner Hüser speist man nicht nur in der ersten Klasse, man diniert auch mit Atmosphäre. Das Concarneau liegt schön, in der Senne, einer Heidelandschaft, die am Südrand von Bielefeld beginnt und sich südöstlich nach Bad Lippspringe zieht. Die Ambiance des Restaurants setzt auf die Ländlichkeit noch einen drauf. Die Auberge liegt im Senner Museumshof, das ist eine Schöpfung von Alois Hüser, Ernst-Heiners Vater. Er hat mit engagierten Gleichgesinnten in Westfalen wunderschöne historische Bauernhäuser vor der Abrißbirne gerettet. Sie wurden, architektonische Sehenswürdigkeiten allesamt, Stein für Stein, Balken für Balken, Fachwerk für Fachwerk abgebaut und in einer idyllischen Waldlichtung der Senne wieder zusammengesetzt. So entstand der Museumshof, und eine dieser baulichen Kostbarkeiten, das Vierständerhaus mit dem ursprünglichen Namen Johann im Kampe, birgt heute das Concarneau. Die feine, holz-

Eleganz in au… tischer Ländlic… die Aub… le Concarn…

Ernst-Heiner Hüser mit Crew im Senner Museumshof. Neben ihm seine Frau Heidrun, Restaurantchefin im Historischen Gasthaus Buschkamp.

und fachwerkbetonte Eleganz bringt Behaglichkeit in den Abend. Hüsers liebenswürdige, topkompetente Servicedamen betonen die entspannt-kultivierte Atmosphäre zusätzlich, und die Küche des Chefs veredelt das ländliche Fluidum Ostwestfalens mit der Finesse großer Cuisine.

Ernst-Heiner Hüser begeistert Gäste und Kritiker mit einer reizvollen Spannung zwischen klassisch französischer Küche und persönlicher Kreativität. Es macht Spaß zu verfolgen, wie Hüser seine Erfindungskraft pflegt. Er arbeitet stets an neuen Gerichten, mutet seinem Publikum aber nie Experimente im Probierstadium zu. Allenfalls alte Stammgäste werden gelegentlich als Vorkoster gebeten. So genießt man auch Innovationen in der ausgereiften Perfektion, für die der Bielefelder bekannt ist. Schön, daß die Karte in einer besonderen Sparte seine Klassiker zeigt. Dort finden sich nicht nur Schöpfungen, die schon in der frühen Zeit des Concarneau so reüssierten, daß sie bis heute nachgefragt werden. Auch aktuelle Erfindungen steigen, nach einer Bewährungszeit, immer wieder in die Klassiker-Rubrik auf. Das gibt mit den brandheißen Hits vom Tage eine reizvolle Übersicht, einen Blick vor allem auch darauf, wie weit Hüsers kulinarisches Spiel von seiner stilistischen Herkunft, von der klassisch-französischen Haute Cuisine, jeweils abspringt. Um es vorwegzunehmen: Es gibt nie einen Bruch, immer den artistischen Umgang mit den Wurzeln. Trotzdem darf die Phantasie auf immer neuen Feldern ernten. Concarneau-Freunde genießen teils Delikatessen, die nur in Nuancen vom Hergekommenen abheben, das Côte de Bœuf etwa durch seine geschmorten Gemüse, die „Kalbsnieren mit Senf nach alter Art", weil sie nicht im Ganzen wie in Frankreich, sondern in Tranchen garen, oder das Reh à la royale mit getrüffelten Makkaroni, da kommt das Fleisch im Original vom Hasen. Dann gibt es klare Eigenkompositionen, der lauwarme Salat von der Ente ist so ein Beispiel, immer wieder ein Genuß mit den mitgegarten dünnen Scheiben von der Roten Bete, und schließlich unterhalten Experimente den Gaumen, die den klassischen Ansatz nicht nur variieren, sondern auch mal revidieren, oder die der französischen Würzkunst überraschend exotische Aromen beibringen.

Zwei aktuelle Exempel. Nummer eins: Ernst-Heiner Hüsers Salat vom gebratenen Hummer mit Ananas und Salbei. Da ist die Gartechnik eine offene Revision des klassischen Grundsatzes, daß Hummer schonend gegart, also in der Regel gekocht werden muß. Sonst kaut der Esser zähes Fleisch. Daran hält sich Hüser nicht. Er gart das Krustentier ebenfalls schonend, aber dadurch, daß er den ausge-

Der Senner Muse hof liegt in Waldlichtun Südrand von feld. Alte westfäl Bauernhäuser wu vor dem Abri rettet und originalg wiederaufgebau auch das stat Vierständerhaus, die Auberge le carneau

lösten Hummer in Stücken schonend brät, und siehe, wie zart schmeckt auch da das Fleisch! Aufregend dann die Saucen. Eine ist ein Coulis aus Hummercorail und -innereien, bringt also intensivstes Hummeraroma. Auf dem Teller kommt er unter die kleinen Stücke. Die zweite ist eine Vinaigrette aus Hummerfond, Ananassaft, Aceto Balsamico, der Clou aber kommt noch: feine Späne von Bitterschokolade werden im Hummerfond gelöst. Die Schokolade schmeckt überhaupt nicht heraus, aber sie intensiviert verblüffend die anderen Aromen. Mit dieser lieblich-säuerlichen Vinaigrette werden Türmchen nappiert, die aus großen Hummerstücken und aus Scheiben von der Ananas geschichtet sind. Fritierter Salbei setzt der Finesse die Krone auf.

Nicht weniger spannend Hüsers Version vom Steinbutt, an der Gräte gebraten. Klassisch wären hier aus einem Butt von fünf bis acht Kilo handbreite Stücke zu schneiden und in einem Sud, halb Fond, halb Milch, zu garen. Dann präsentiert man dem Gast sein Stück, der Service filetiert den Fisch und reicht ihn, sagen wir, mit einer Beurre blanc. Anders der Meister vom Concarneau. Hüser nimmt einen schlankeren Schwimmer (eineinhalb bis zweieinhalb Kilo), schneidet fingerdicke Streifen ab und brät sie auf beiden Schnittflächen (sie gleichen spitzen Dreiecken) mit Olivenöl ganz kurz im Ofen. Den letzten Kick bringen wieder die Saucen. In der Tellermitte wartet der dreieckige Butt. Links bekommt er von Kirschtomaten, konfiert mit Knoblauch, Rosmarin, Thymian und Gewürzen, Gesellschaft, das gibt den provenzalischen Touch. Für die rechte Seite braten die Köche Streifen vom Wurzelgemüse (Sellerie, Möhren, Rettich) und Herbsttrompeten ganz kurz an, nicht anders als im Wok, löschen das Bratgut, wie es asiatischer Technik entspricht, mit Consommé und Sojasauce ab und garen es schnell fertig. Voila! In der Auberge le Concarneau kommt das „Minute vom Steinbutt, an der Gräte gebraten“ dekorativ und aromatisch zwischen Südfrankreich und Fernost zu liegen.

Wir sehen, glücklich jeder Gourmet, der Ostwestfalen kennt. Und dabei veredelt Ernst-Heiner Hüser nicht nur die Senne mit französischer Kreativ-Cuisine. Er läßt auch der Volksküche seiner Heimat Gerechtigkeit widerfahren. Es ist ja nicht so, daß es hier gar nichts gäbe. Woher stammen denn Pickert oder Wurstebrei? Hüser kocht auch das, selbstverständlich nicht in der Auberge le Concarneau, aber gleich nebenan, auch im Museumshof, in einem Zweiständerhaus aus dem 18. Jahrhundert, im Historischen Gasthaus Buschkamp. Der Pfiff hierbei: Großmutters westfälische Schlemmereien geraten da so fein und leicht, wie es großer Küche heute geziemt. Man koste die überbackenen Schnäuzchen und Öhrchen vom Schwein auf Linsengemüse, ein Erlebnis! Ernst-Heiner Hüsers Gäste genießen in der Essenz zwei kulinarische Orte. Der Chef hat in beiden Wurzeln geschlagen, zu Hause und in der Ferne, in Frankreich und am Teutoburger Wald.

Unmittelbarer N bar der bester Auberge: Historische Gast Buschka

ALTER

Die Rezepte

ALAIN DUCASSE

GEGRILLTE JAKOBSMUSCHELN AUF HERBSTSALAT
MIT TRÜFFELN AUS ALBA UND PARMESAN

PIERRE GAGNAIRE

LISETTE MIT SCAMPI, GEWÜRZSTRAUSS UND SCHARFER FLEISCHSAUCE

PAUL HAEBERLIN

SALAT MIT KUTTELN, GÄNSELEBER UND DICKEN BOHNEN

GUY MARTIN

BRETONISCHER HUMMER IN ANANASSAFT
UND CURRY MIT GEMISCHTEM GEMÜSE

ANDRE JÄGER

VARIATIONEN VON DER BRESSE-POULARDE

ROGER SOUVEREYNS

MIT GÄNSELEBER GEFÜLLTES TÄUBCHEN
IN WEINBLÄTTERN, APRIKOSENKOMPOTT MIT ESTRAGON

JOHANN LAFER

POT AU FEU VON FLUSSKREBSEN MIT GEMÜSESTREIFEN UND TOPINAMBURCHIPS

DIETER MÜLLER

ST. PETERSFISCH MIT BANYULS-SCHALOTTENBUTTER, BOUILLABAISSESAUCE,
PROVENCEGEMÜSE UND BRANDADE-KARTOFFELPÜREE

HARALD WOHLFAHRT

WARME PASTETE MIT REHKITZRÜCKEN,
FASANENBRUST UND GÄNSELEBER AN WACHOLDERRAHMSAUCE

CLAUS-PETER LUMPP

TAUBENBRUST MIT GÄNSELEBER

ALAIN DUCASSE

Gegrillte Jakobsmuscheln auf Herbstsalat mit Trüffeln aus Alba und Parmesan

Zutaten für 6 Personen:

24 Nüsse der Jakobsmuscheln, die der lebenden Muschel entnommen sind
100 g Mesclun
(Salat aus Löwenzahn und Kopfsalat)
100 g Feldsalat
50 g Blätter der Roteiche
100 g Winterendivien
2 weiße Trüffel aus Alba von je 40 g
1 Stück Parmesan „reggiano"
von mindestens 150 g
grobes Speisesalz der Guérande –
Pfeffer

Für die Salatsoße:

2 dl Olivenöl
2 Tl.– 2 El. Weinessig
1 TL.– 1 El. Balsamessig
Salz, Pfeffer

Für die angebräunte Butter:

125 g Butter
1 Tl.– 1 El. Weinessig
1 Tl.–1El. Balsamessig
Salz, Pfeffer

1. Waschen Sie das Fleisch der Jakobsmuscheln gründlich unter fließendem Wasser und trocknen Sie sie. Heizen Sie den Backofen auf 250 °C vor.

2. Putzen Sie die Trüffel. Schneiden Sie sie in sehr feine Scheiben. Schneiden Sie das Muschelfleisch auf halber Höhe ein, ohne es zu zerteilen. Legen Sie in jeden Schnitt eine Scheibe Trüffel und eine Prise grobes Kochsalz.

3. Putzen, waschen und trocknen Sie den Salat. Verrühren Sie in einer Salatschüssel die Bestandteile der Salatsoße. Geben Sie die Butter in einen Topf und erhitzen Sie sie auf kleiner Flamme. Wenn sie nicht mehr summt, nach Haselnuß riecht und goldgelbe Farbe annimmt, nehmen Sie sie von der Platte, filtern sie und fügen Sie unter kräftigem Rühren Pfeffer, Weinessig und Balsamessig hinzu. Warm halten.

4. Schneiden Sie mit einem Küchenmesser den Parmesan in etwa 20 große Flocken.

5. Grillen Sie das Muschelfleisch beidseitig auf dem Rost und geben Sie es dann auf einem Backblech für 1 Min. in den Backofen. Geben Sie den Salat in die Salatsoße, mischen ihn und verteilen ihn dann auf die Teller. Legen Sie das Muschelfleisch auf den Salat und streuen Sie einige Salzkörner darüber. Legen Sie die Parmesanflocken darauf und befeuchten sie mit der angebräunten Butter. Sofort servieren.

6. Bei fortgeschrittener Jahreszeit nehmen Sie statt der weißen schwarze Trüffel. Sie können das Muschelfleisch auch einölen und in einer antihaftbeschichteten Bratpfanne 30 – 40 Sek. auf jeder Seite braten. Dann ist es auch nicht mehr nötig, es in den Backofen zu geben.

PIERRE GAGNAIRE

Lisette mit Scampi, Gewürzstrauß, und scharfer Fleischsoße

Zutaten für 2 Personen:

6 Lisettes (verschiedene Makrelen – klein)
250 g kleine Tomaten
1 Strauß aus Thymian, frischer Zitrone, Wiesenknopf, glatter Petersilie, Knoblauchblüte
1/2 Joghurtbecher Kalbfleischsaft
2 g scharfer Paprika
1 Eßlöffel Sherryessig
1 Teelöffel Soja
1/2 Teelöffel Ketchup
1 gut reife, geputzte Tomate
50 g Tempuramehl

Zubereitung für den Fleischsaft

1. Paprika, Essig, Soja und Ketchup im Fleischsaft kochen lassen. Die rohe Tomate hinzugeben.
2. Im Mixer vermischen, abschmecken

Zubereitung der Kräuter

3. Die Kräuter in schwimmenden Öl bei 160° C braten

Zubereitung für die Lisette

4. Mit dem Schneebesen das Mehl in kaltem Wasser verrühren (man erhält eine cremige Masse).
5. Jedes Lisettefilet mit dieser Creme überziehen und in heißes Öl tauchen (2 Min.)

Die einzelnen Teile auf harmonische Weise anordnen.

PAUL HAEBERLIN

Salat mit Kutteln, Gänseleber und dicken Bohnen

Zutaten für 4 Personen:

500 g Kutteln (blanchiert und gekocht)
1 Zwiebel
1 Möhre
1 Selleriestange
1 Knoblauchzehe
Salz, Pfeffer
1 Thymianzweig
1 Lorbeerblatt
300 g dicke Bohnen (mit Schoten)
4 Gänseleberscheiben (je 60 g)
4 Wachteleier
100 ml Erdnußöl
100 ml Olivenöl
1 Schalotte
1 EL scharfer Senf
1 EL süßer Senf
Kerbelblättchen
Weinessig
Balsamessig
2 Eier
300 g Paniermehl
Mehl
1/2 l Weißwein
Salatblätter von drei verschiedenen Salaten

1. Aus den vorgekochten Kutteln 12 Quadrate von 3 cm Größe schneiden. Zunächst in Mehl, dann in verquirltem Eigelb und zum Schluß in Paniermehl wenden.

2. Die restlichen Kutteln in Streifen schneiden und mit dem Gemüse, den Gewürzen und dem Weißwein 30 Minuten kochen. Die Kutteln abgießen, einen Teil vom Sud auffangen und beiseite stellen.

3. Bohnen in Salzwasser blanchieren, in eiskaltem Wasser abschrecken und anschließend auspulen.

4. Die Schalotte, die zwei Essigsorten, Salz, Pfeffer, die beiden Senfsorten, etwas Kochsud von den Kutteln und das Olivenöl in einen Mixer geben und kurz pürieren.

5. Das Erdnußöl in einer Pfanne erhitzen. Die Leberscheiben mit Salz und Pfeffer würzen und zusammen mit den 12 panierten Kuttelquadraten 2 bis 3 Minuten von beiden Seiten braten.

6. Die Vinaigrette erhitzen und die Kuttelstreifen und die Bohnen darin erwärmen. In einer kleinen Pfanne 4 Wachtelspiegeleier braten.

7. Die Salate waschen und trockenschleudern. Die Blätter kranzförmig auf vier Teller verteilen. Jeweils in die Mitte die heißen Kuttelstreifen mit den Bohnen und darauf drei panierte Kuttelquadrate, die Gänseleber und ein Wachtelspiegelei setzen. Mit ein paar Kerbelblättchen garnieren.

GUY MARTIN

Bretonischer Hummer in Ananassaft und Curry mit gemischtem Gemüse

Zutaten für 4 Personen:

4 Hummer von 500/600 g
1/2 Ananas
1 Zitrone
30 g Sahne
4 g Madrascurry
3 Tropfen Tabasco
2 g Koriander in Körnern
50 g Karotten
50 g Steckrüben
50 g grüne Bohnen
50 g Erbsen
4 El. Olivenöl
1 El. Essig aus Jerez-Wein
1 Tl. Sojasoße

1. Die Karotten und die Steckrübe in Stücke von etwa 0,5 cm schneiden und einzeln in Salzwasser kochen. Dann abkühlen und gut abtropfen lassen, die Gemüse zusammenfügen und mit Olivenöl, Essig, Sojasoße, Salz und Pfeffer würzen.

2. Die Ananas schälen, entsaften, einige Tropfen Zitronensaft, 3 Tropfen Tabasco, Sahne, Curry und den gemahlenen Koriander, Salz und Pfeffer hinzufügen.

3. Die Hummer 2 Minuten in der mit Wein verfeinerten Brühe kochen.

4. Die Teller mit dem Ananassaft, einem halben mit Gemüse gefüllten Hummerkopf, dem der Länge nach geteilten Hummerschwanz und den Zangen bedecken.

ANDRE JÄGER

Variationen von der Bresse-Poularde

Flügelstück gefüllt mit Gänsestopfleber und mit Anis glasiert. Kleiner Artischocken- und Radieschensalat mit Balsamicoessig aus Shanghai

1. Man schneidet 4 Poulardenflügelstücke auf einer Seite sehr kurz ab, um nach Zurückschlagen der Haut den Knochen entfernen zu können. In einer Brühe 15 Minuten lang ziehen lassen. Abkühlen, dann mit Gänseleberterrine füllen. Mit Soja-Gelee und Sternanis würzen, indem man glasiert und dann zum Abkühlen in den Kühlschrank stellen. Diese Glasur wird 2-3 Mal wiederholt, bis die Teile gut bedeckt sind.
2. Den Boden der gekochten Artischocken abschneiden, die Radieschen vierteln, alles mit Salz, Balsamicoessig aus Shanghai und Olivenöl marinieren.

Auf kleinen Tellern anrichten und garnieren.

Poulardenaufschnitt mit Austernsauce auf Eisbergsalat

1. Poulardenbeine von Knochen, Haut, Sehnen und Fett befreien, gleichmäßig hacken oder durch den Fleischwolf drehen.
2. Einen Chinakohlstengel in kleine Würfel schneiden. Einige Sojasprossen hacken.
3. Öl in einem Bräter erhitzen, das Poulardenfleisch salzen, mit Mehl bestäuben und schnell im Öl anbraten. Kohl und Sojasprossen zugeben, einige Sekunden mitbraten und dann in eine Schüssel geben. Mit kalter Austernsauce übergießen, um den Kochprozeß zu beenden. Gut vermischen.
4. Auf vier Eisbergsalatblättern anrichten und mit zwei, drei Blättern Koriander garnieren.

Man ißt dieses Gericht mit den Fingern, indem man das Fleisch in die Salatblätter wickelt.

Poulardenbrust in Tempura mit Kräutersalz

1. Man schneidet die Brust der Länge nach in etwa fingerdicke Streifen. In Tempura-Sauce marinieren.
2. Etwas Salz in einer trockenen Kasserolle erwärmen und die 5 chinesischen Kräuter zufügen. Abkühlen lassen.
3. Einen leichten Fritierteig mit Tempura-Pulver, Wasser und Eiweiß herstellen. Die Streifen durch den Teig ziehen und sanft im nicht allzu heißen Öl fritieren.

Auf einem Teller anrichten und das Kräutersalz getrennt servieren, damit das Fleisch nach persönlichem Geschmack gewürzt werden kann.

ROGER SOUVEREYNS

Mit Gänseleber gefülltes Täubchen in Weinblättern, Aprikosenkompott mit Estragon

Zutaten für 4 Personen:

2 Tauben
8 Weinblätter
1 großes Schweinenetz
2 x 70 g rohe Gänseleber
2 Zweige Estragon
$^1/_2$ l Gemüsebrühe
8 Aprikosen
60 g Zucker
Saft einer halben Zitrone
100 ml Gemüsebrühe
200 ml Crème Double
50 g Parmesan
1 Eigelb
100 ml geschlagene Sahne ohne Zucker
1 Löffel Olivenöl
60 g Butter

4 Kartoffelplätzchen
kleine Erbsen (gekocht)

1. Die Aprikosen in Brunoise (Würfelchen) schneiden und zusammen mit dem Zucker und dem Zitronensaft zu einem Kompott kochen lassen, die kleingehackten Estragonblätter während des Kochens darunter rühren.

2. Die Tauben von der Rückseite aus zerlegen, die Keulen dabei ganz lassen. Eine Prise Salz und Pfeffer an das Fleisch geben. Das Schweinenetz in zwei gleiche Stücke schneiden und aufschlagen.

3. Die Weinblätter auf die Netzstücke legen. Das Brustfleisch mit der Gänseleber in das Ganze einwickeln.

4. Die Taubenknochen zerkleinern und kurz im Backofen rösten. Mit $1^1/_2$ Liter Gemüsebrühe überziehen, unter geringer Hitze auf ein Viertel des Volumens einkochen und anschließend sieben.

5. 100 ml Gemüsebrühe mit 200 ml Crème Double zu einer gebundenen Sauce eindicken. Das Eigelb kurz mit einem Tropfen kalten Wassers aufrühren und unter die Sauce geben. Auch die geschlagene Sahne und den geriebenen Parmesan unterrühren.

6. Die eingerollten Tauben an der Außenseite salzen und pfeffern und in einer Pfanne in einem Eßlöffel Olivenöl zusammen mit 30 g Butter leicht anbraten. Danach bei +/- 180° C 20 Minuten im Backofen braten. *(Bei dieser Bratzeit wird das Taubenfleisch rosafarben.)*

7. Die Tauben sowie das übriggebliebene Bratfett aus der Pfanne nehmen.

8. Die Taubensauce kurz aufkochen, sieben und 30 g Butter darunter rühren.

9. Die Teller vorwärmen. Die gebratenen Tauben durchschneiden und auf die Teller legen, den Aprikosenkompott daneben auf einem Kartoffelplätzchen servieren. Die Teller mit der Parmesansauce und der Taubensauce überziehen und mit den kleinen Erbsen garnieren.

JOHANN LAFER

Pot au feu von Flußkrebsen mit Gemüsestreifen und Topinamburchips

Zutaten für 4 Personen:

28 große Flußkrebse
1 Bund Suppengrün
2 Zwiebeln
4 Eßl. Olivenöl
200 ml Weißwein
3 Lorbeerblätter
je ½ Teel. Dill- und Fenchelsamen
10 weiße Pfefferkörner
1 Schalotte
1 Knoblauchzehe
je ½ grüne und gelbe Zucchini
1 kleine Möhre
¼ Sellerieknolle
2 Topinamburknollen
300 ml Öl zum Fritieren
100 g kalte Butter
Salz, Pfeffer
Dill zum Garnieren

1. Flußkrebsschwänze aus den Schalen lösen und beiseite legen.

2. Für den Flußkrebssud Suppengrün putzen, waschen und in Stücke schneiden. Zwiebeln schälen und in Spalten schneiden.

3. Krebskarkassen (Scheren, Krebsnase und Schwanzpanzer) in 3 Eßlöffel heißem Öl anrösten.

4. Suppengrün und Zwiebeln zufügen und mitrösten. Mit Wein ablöschen und etwas einkochen lassen. 1 Liter Wasser zufügen, aufkochen und den Schaum entfernen.

5. Gewürze zufügen und bei schwacher Hitze im offenen Topf ca. 1 Stunde köcheln lassen.

6. Fond durch ein Tuch in einen Topf gießen und die Karkassen ausdrücken. Fond auf die Hälfte einkochen lassen und entfetten.

7. Schalotte und Knoblauch schälen und fein hacken. Restliches Olivenöl in einem Topf erhitzen. Schalotte und Knoblauch darin andünsten und mit ½ Liter Flußkrebsfond ablöschen. Auf ein Drittel einkochen lassen.

8. Inzwischen Zucchini waschen und putzen. Möhre putzen und schälen. Sellerie schälen. Alles in feine Streifen schneiden.

9. Topinambur schälen und in dünne Scheiben schneiden. Öl in einem Topf erhitzen, Topinamburscheiben darin goldbraun fritieren und auf Küchenpapier abtropfen lassen. Mit Salz würzen.

9. Gemüsestreifen im heißen Flußkrebssud dünsten. Flußkrebsfleisch zufügen und erwärmen. Gemüsestreifen und Krebsschwänze aus dem Sud nehmen und in Teller geben. Kalte Butter nach und nach in Flöckchen in den Flußkrebssud geben und mit einem Schneebesen aufschlagen.

10. Mit Salz und Pfeffer würzen und in die Teller füllen. Topinamburchips darüberstreuen und alles mit Dillfähnchen garnieren.

ECKART WITZIGMANN

Gnocchi mit Borlotti-Bohnen und Octopus

Für die Gnocchi:

250 gr. gekochte durchgepreßte Kartoffeln
1 Eigelb
100 g Mehl
30 g Kartoffelstärke
Salz, Muskat

1. Alle Zutaten zum Teig kneten, Gnocchis formen und in Salzwasser kochen.
2. Im Eiswasser abkühlen, in Olivenöl anbraten.

Für die Borlotti-Bohnen:

200 g Borlotti-Bohnen (über Nacht einweichen)
Bouquet garni von 1 Karotte
1 Stange Sellerie, 1/2 Stange Lauch
1/2 gehackte Zwiebel
1 gehackte Knoblauchzehe
20 g Olivenöl
100 g durchgepreßte Pelati
(Eiertomaten aus der Dose)
Salz, Pfeffer, Cayenne
Kräuterbündel von Rosmarin und Thymian,
Basilikumstengel
1/4 l Wasser

1. Zwiebel und Knoblauch im Olivenöl andünsten.
2. Borlotti-Bohnen und Bouquet garni dazugeben, kurz mitdünsten, salzen und pfeffern.
3. Dann die Pelatis dazugeben und mit dem Wasser aufgießen. Eineinhalb Stunden leicht köcheln lassen. Nach einer dreiviertel Stunde Kräuterbündel und Cayenne beilegen.

Für den Octopus:

1/2 kg Octopus
1 Stange Sellerie
1 Zwiebel
3 Knoblauchzehen
1 Lauchstange
1 Thymianzweig
Salz, weiße Pfefferkörner
100 ml Essig

1. Octopus mit allen Zutaten in etwa 3 l Wasser ca. eineinhalb Stunden kochen.
2. In Scheiben schneiden und scharf in Olivenöl anbraten.

Für den Pesto:

20 g Basilikum
10 g Petersilie
5 g Pinienkerne
20 g Parmesan
1 Knoblauchzehe
100 ml Olivenöl
Salz, Pfeffer

1. Alle Zutaten außer dem Olivenöl im Mörser fein zerreiben. Dann das Olivenöl einrühren.
2. Octopus und Gnocchi auf dem Teller anrichten, mit den Bohnen übergießen, mit Pesto beträufeln.

7-PM-1-380-91
7ª PM-1-1786-91

DIETER MÜLLER

St. Petersfisch mit Banyuls-Schalottenbutter, Bouillabaissesauce, Provencegemüse und Brandade-Kartoffelpüree

Zutaten für 4 Personen:

480 g St. Petersfischfilet
Zitronensaft
Salz, weißer Pfeffer aus der Mühle
Schalottenbutter:
100 g Schalottenwürfel
1/2 Lt. Banyuls-Rotwein
100 ml roter Portwein
200 g Butter
4 Eigelb, Salz und Pfeffer

Bouillabaisse - Sauce (für ca. 16 Portionen):
1 kg Rotbarben- Seezungen-, Steinbuttgräten
500 g Hummer-, Langostino-, Krebskrusteln
500 g reife Tomaten
1/2 Lt. Weißwein
500 g Eiswürfel
Frische Kräuter: Thymian, Estragon, Blattpetersilie
1 Zehe Knoblauch
Messerspitze Safranfäden
Wenig Stärke zur Bindung
2 cl Pernod
Salz und Pfeffer aus der Mühle
120 kalte Butterwürfel
6 cl Olivenöl

Zubereitung Sauce:
Gräten wässern, Krusteln klein hacken und mit Olivenöl anbraten. Grobgeschnittene Gemüse und Tomaten dazugeben und ca. 3 Min. schwenken, mit Eiswürfeln und kaltem Wasser bedecken. Aufkochen lassen und mit dem Knoblauch und den Kräutern ca. 40 Min. sieden lassen. Danach durch ein Tuch passieren. Anschließend auf ein Liter Flüssigkeit einköcheln lassen. Safranfäden zugeben, mit Stärke binden, köchelnd kalte Butter und etwas Olivenöl einrühren. Mit Pfeffer, Salz, Zitrone und Pernod kräftig abschmecken.

Zubereitung Schalottenbutter:
Schalotten mit dem Banyuls und Portwein dickflüssig einkochen und gut abkühlen. Butter, Eigelb cremig rühren, Schalotten gut untermischen und mit Salz und Pfeffer kräftig abschmecken. In Alufolie einrollen und tiefkühlen.

Zutaten Brandadepüree:
150 g Kabeljaupüree, klein geschnitten
1 TL Schalottenwürfel
2 cl Weißwein
2 cl Noilly-Prat
Thymianzweig
1/2 Knoblauchzehe
Salz, Spritzer, Tabasco, Zitrone
3 cl Olivenöl
4 EL frisches Kartoffelpüree

Zubereitung Brandadepüree:
Heiße Sauteuse mit Knoblauch ausreiben, Olivenöl, Schalotten und Kabeljaustückchen darin ohne Farbe schwenken. Weißwein, Noilly-Prat und Thymianzweig zugeben und abgedeckt bei kleiner Hitze ca. 8 Min. garen. Thymianzweig entfernen und den Fisch mit einem Saucenstab pürieren, mit Zitrone, Tabasco und Salz abschmecken und zum Servieren mit heißem Kartoffelpüree vermischen.

Anrichten:
St. Petersfisch mit Salz, Zitrone und Pfeffer würzen, in Olivenöl kurz braten, Banyulsbutter auf die Filets legen und im Backofen mit Oberhitze schmelzen lassen. Mit Biß gekochte junge Artischocken, Kaiserschoten, Bohnenkernen und Tomatenstreifen anrichten, Brandadepüree dazugeben und mit aufgeschäumter Sauce servieren.

HARALD WOHLFAHRT

Warme Pastete mit Rehkitzrücken, Fasanenbrust und Gänseleber an Wacholderrahmsauce

Zutaten für 4 Personen:

Pasteten:

500 g Rehkitzrücken
1 junge Fasanenhenne (ca. 800 g)
Salz, Pfeffer aus der Mühle
80 g Gänseleber
200 g Blätterteig
4 Wirsingblätter
40 g Trüffel, in dünne Scheiben geschnitten
1 Eigelb
1 EL Sahne

Rehkitzrücken auslösen, Sehnen entfernen, Knochen und Sehnen für die Sauce reservieren. Fasanenbrüste und Keulenfleisch auslösen. Keulenfleisch kühlen. Fasanenbrüste und Rehkitzrückenfilets in 8 Scheiben schneiden, zwischen Klarsichtfolie leicht klopfen, mit Salz und Pfeffer würzen. Gänseleber in 8 Scheiben schneiden.

Farce

Fleisch der Fasanenkeulen
1 Eiweiß
100 ml Sahne
100 g Champignons
1 Schalotte
20 g Butter
100 g Trompetenpilz
1 EL fein geschnittener Kerbel, Salz
Pfeffer aus der Mühle

Keulenfleisch fein pürieren. Zuerst Eiweiß, dann nach und nach Sahne zugeben. Farce durch ein feines Haarsieb streichen. Fein gewürfelte Champignons und 1/2 fein gehackte Schalotte in 10 g Butter andünsten. Fein gewürfelte Trompetenpilze und 1/2 fein gehackte Schalotte in 10 g Butter andünsten. Pilze mit jeweils 1/2 Eßlöffel Kerbel vermischen, mit Salz und Pfeffer abschmecken, abkühlen lassen. Pilze unter die Farce heben. Mit Salz und Pfeffer abschmecken.

Fertigstellung der Pastete:

Blätterteig dünn ausrollen. 4 beschichtete Förmchen (5 cm hoch, 8 cm Durchmesser) mit Teig auslegen (restlichen Teig für den Deckel reservieren). Teig mit Alufolie bedecken, mit getrockneten Linsen beschweren, im vorgeheizten Ofen bei 200 Grad 12 Min. blind backen, auskühlen lassen. Wirsingblätter blanchieren, abschrecken, trocknen, die Förmchen damit auskleiden. Pasteten mit je 2 Fasanenbrust-, Gänseleber-, Rehrücken und Trüffelscheiben füllen. Dazwischen die Farce streichen. Wirsingblätter darüber schlagen. Pasteten mit Blätterteig bedecken, mit einem Muster dekorieren. Eigelb und Sahne verquirlen, Teig damit bestreichen. Pasteten 15 Min. im vorgeheizten Ofen bei 220 °C backen, dann 10 Min. ruhen lassen.

Garnitur:

30 g Butter erhitzen, 100 g Pfifferlinge und eine fein gehackte Schalotte darin andünsten. Mit Salz und Pfeffer würzen.

Anrichten:

Pasteten mit dem elektrischen Sägemesser halbieren, auf vorgewärmten Tellen anrichten, mit Wacholderrahm umgießen, Pilze dazugeben.

CLAUS-PETER LUMPP

Taubenbrust mit Gänseleber

Zutaten:

2 ganze Tauben
Gänseleber
4 mittelgroße Artischocken
$^{1}/_{2}$ Liter Brühe
2 Schalotten
1 Zehe Knoblauch
Thymian, Rosmarin, Olivenöl

Trüffelglace

1 1 Geflügeljus
$^{1}/_{4}$ l Madeira
50g Trüffelwürfel
frische Butter

Portweinschaum

$^{1}/_{4}$ 1 weißer Port
$^{1}/_{4}$ l Brühe
$^{1}/_{4}$ l Sahne

1. Die Tauben auslösen, die Keulen würfeln, würzen und kurz ansautieren. Die Brüste ohne Knochen kurz anbraten, ca. 3 Min. bei 200 °C im Ofen garen und abruhen lassen.

2. Gänseleber in vier ca. 1 cm dicke Scheiben und ein paar hauchdünne Scheiben schneiden, würzen und kaltstellen.

3. Für die Trüffeljus den Madeira auf $^{1}/_{3}$ einreduzieren, mit der Geflügeljus auffüllen, nochmals reduzieren, mit den Trüffelwürfeln abschmecken und mit Butter aufmontieren.

4. Für den Portweinschaum den Port mit der Brühe ebenfalls reduzieren und mit der Sahne auffüllen, mit Salz und Pfeffer abschmecken, zum Schluß mit einem Löffel geschlagener Sahne aufmontieren.

5. Die Artischocken putzen (wir verwenden nur den Boden). Die Artischockenböden in Olivenöl scharf anbraten, ein paar Schalotten und Knoblauchwürfel zugeben, mit Brühe ablöschen und weich garen.

Anrichten

6. Den Artischockenboden in der Mitte des Tellers anrichten, die Taubenwürfel mit ein wenig Jus vermengen und darauf verteilen.

7. Die Gänseleber langsam braten und dritteln, im Dreieck um den Artischockenboden anrichten.

8. Ebenfalls die Taubenbrüste nachbraten, in dünne Tranchen schneiden und abwechselnd mit der dünnen Leber auf den Artischockenboden legen. Beide Saucen aufmontieren und das Ganze damit umgießen.

ADRESSEN

Le Louis XV, Hôtel de Paris, Place du Casino, Monte Carlo, MC-98000 Monaco, Telefon: +33 / 92 16 30 01, Telefax: +33 / 92 16 69 21, Internet: http://www.alain-ducasse.com, E-mail: louisxv@sbm.mc, Öffnungszeiten Küche: 12.00 - 14.00 Uhr, 19.45 - 22.30 Uhr, Ruhetage: Dienstag, Mittwoch.

Restaurant Alain Ducasse, 59, Avenue Raymond Poincaré, F-75116 Paris, Telefon: +33 / 1 47 27 12 27, Fax: +33 / 1 47 27 31 22, Internet: http://www.alain-ducasse.com, E-mail: adp@alain-ducasse.com, Öffnungszeiten Küche: 12.00 - 14.00 Uhr, 19.45 - 22.00 Uhr, Ruhetage: Samstag, Sonntag.

Restaurant Pierre Gagnaire, 6, Rue Balzac, F-75008 Paris, Tel.: +33 / 1 44 35 18 25, Telefax: +33 / 1 44 35 18 37, Öffnungszeiten Küche: 12.00 - 14.00 Uhr, 19.30 - 22.30 Uhr, Ruhetage: Samstag, Sonntagmittag.

La Tour d'Argent, 15, Quai de la Tournelle, F-75005 Paris, Telefon: +33 / 1 43 54 23 31, Fax: +33 / 1 44 07 12 04, Ruhetag: Montag.

Le Grand Véfour, 17, Rue de Beaujolais, F-75001 Paris, Tel.: +33 / 1 42 96 56 27, Fax: +33 / 1 42 86 80 71, Ruhetage: Samstag, Sonntag.

Les Elysées du Vernet, 25 Rue Vernet, F-75008 Paris, Tel.: +33 / 1 44 31 98 98, Telefax: +33 / 1 44 31 85 69, Ruhetage: Samstag, Sonntag.

Le Jules Verne, 2. Etage Tour Eiffel (Pilier Sud) Champ de Mars, F-75007 Paris, Telefon: +33 / 1 45 55 61 44, Telefax: +33 / 1 47 05 29 41, kein Ruhetag.

Les Crayeres, 64, Boulevard Henry-Vasnier, F-51100 Reims, Tel.: +33 / 3 26 82 80 80, Telefax: + 33 / 3 26 82 65 52, Internet: http://www.gerardboyer.com, E-mail: crayeres @relaischateaux.fr, Öffnungszeiten Küche: 12.00 - 14.30 Uhr, 19.30 - 22.30 Uhr, Ruhetage: Montag und Dienstagmittag.

Restaurant Paul Bocuse, Pont de Collonges, F-69660 Collonges-au-Mont-d'Or, Telefon: +33 / 4 72 27 85 85, Fax: +33 / 4 72 27 85 87, Öffnungszeiten Küche: 12.00 - 14.30 Uhr, 19.00 - 21.30 Uhr, Ruhetag: keiner.

Auberge de l'Ill, , 2, Rue de Collonges-au Mont-d'Or, F-68970 Illhaeusern, Telefon: +33 / 3 / 89 71 89 00, Telefax: +33 / 3 / 89 71 82 83, Öffnungszeiten Küche: 12.00 - 14.00 Uhr, 19.00 - 21.00 Uhr, Ruhetage: Montagabend, Dienstag.

Au Crocodile, 10, Rue de l'Outre, F-67000 Strasbourg, Tel.: +33 / 3 / 88 32 13 02, Telefax: +33 / 3 / 88 75 72 01, Öffnungszeiten Küche: 12.00 - 14.00 Uhr und 19.00 - 21.30 Uhr, Ruhetage: Sonntag und Montag, außer Feiertage.

Ristorante Gualtiero Marchesi, Locanda L'Albereta, Via Vittorio Emanuele 11, I-25030 Erbusco, Brescia, Telefon: +39 / 3 07 76 05 50, Fax: +39 / 3 07 76 05 73, Telefon Ristorante: +39 / 30 77 60 562, Öffnungszeiten Küche: 12.30 - 14.15 Uhr, 19.30 - 22.00 Uhr, Ruhetage: Sonntagabend, Montag.

Scholteshof, Kermtstraat 130, B-3512 Stevoort-Hasselt, Telefon: + 32 / 11 / 25 02 02, Telefax: +32 / 11 / 25 43 28, Öffnungszeiten Küche: 12.00 - 14.00 Uhr, 19.00 - 21.30 Uhr, Ruhetag: Mittwoch.

Le Manoir aux Quat' Saison, Church Road, Great Milton, Oxford OX44 7PD, GB, Telefon: +44 / 18 44 / 27 88 81, Telefax: +44 / 18 44 / 27 88 47.

Mosimann's, 11B West Halkin Street, Belgrave Square, London SW 1X 8JL, GB, Telefon: +44 / 171/ 235 7845, Telefax: +44 / 171 / 235 7847, Eintrit nur für Clubmitglieder und ihre Gäste, Ruhetag: Sonntag.

Tristan, Local no. 1, E-07015 Puerto Portals, Mallorca, Telefon: +34 / 71 / 67 55 47, Telefax: +34 / 71 / 17 11 17, Öffnungszeiten Küche: Restaurant 19.00 - 23.00 Uhr, Ruhetag: keiner (im Winter Montag).

Cas Puérs, Calle Isabel II, 39, E-07100 Sóller, Mallorca, Telefon: +34 / 9 71 / 63 80 04, Telefax: +34 / 9 71 / 63 04 29, E-mail: caspuers@atlas-iap.es, Öffnungszeiten Küche: 13.00 - 15.00 Uhr, 19.00 - 24.00 Uhr, Ruhetag: Montag.

Restaurant Bellezza, Hotel Haus Paradies, CH-7551 Ftan / Unterengadin, Telefon: +41 / 81 / 8 61 08 08, Fax: +41 / 81 / 8 61 08 09, Öffnungszeiten Küche: 19.00 - 21.00 Uhr, kein Ruhetag.

Die Fischerzunft, Rheinquai 8, CH-8200 Schaffhausen, Telefon: +41 / 52 / 6 25 32 81, Telefax: +41 / 52 / 6 24 32 85, Öffnungszeiten Küche: 11.30 - 14.00 Uhr, 19.00 - 21.30 Uhr, Ruhetag: Dienstag.

Restaurants Im Schiffchen und Aalschokker, Kaiserwerther Markt 9, 40489 Düsseldorf, Telefon: 02 11 / 40 10 50, Telefax: 02 11 / 40 36 67, Öffnungszeiten Küche: ab 19.00 Uhr, Ruhetage: Sonntag und Montag.

Restaurant Dieter Müller, Schlosshotel Lerbach, Lerbacher Weg, 51469 Bergisch Gladbach, Telefon: 0 22 02 / 20 40, Telefax: 0 22 02 / 20 49 40, Öffnungszeiten Küche: 12.00 - 14.00 Uhr, 19.00 - 22.00 Uhr; Ruhetage: Sonntag und Montag.

Restaurant Schwarzwaldstube, Hotel Traube Tonbach, D-72270 Baiersbronn-Tonbach, Telefon: 0 74 42 / 49 26 65, Telefax: 0 74 42 / 49 26 92, Öffnungszeiten Küche: 12.00 - 14.00 Uhr, 19.00 - 22.00 Uhr, Ruhetage: Montag, Dienstag.

Hotel Bareiss, 72270 Baiersbronn-Mitteltal, Telefon: 0 74 42 / 4 70, Telefax: 0 74 42 / 4 73 20, Öffnungszeiten Küche: 12.00 - 14.00 Uhr, 19.00 - 21.00 Uhr, Ruhetage: Montag und Dienstag.

Le Val d'Or, Johann Lafer's Stromburg, 55442 Stromberg, Telefon: 0 67 24 / 9 31 00, Telefax: 0 67 24 / 93 10 90, Öffnungszeiten Küche: ab 18.00 Uhr, Ruhetag: Montag.

Residenz Heinz Winkler, Kirchplatz 1, 83229 Aschau im Chiemgau, Telefon: 0 80 52 / 1 79 90, Fax: 0 80 52 / 17 99 66, Öffnungszeiten Küche: 12.00 - 14.00 Uhr, 18.30 - 22.00 Uhr, Ruhetag: keiner.

Tantris, Johann-Fichte-Str. 7, 80805 München, Telefon: 0 89 / 36 19 59-0, Telefax: 0 89 / 3 61 84 69, Öffnungszeiten Küche: 12.00 - 15.00 Uhr und 18.00 - 23.00 Uhr, Ruhetage: Sonntag, Montag, Feiertage.

Auberge le Concarneau, Buschkampstraße 75, 33659 Bielefeld, Tel.: 05 21 / 49 37 17, Telefax: 05 21 / 49 33 88, Öffnungszeiten Küche: Freitag und Samstag 19.00 - 22.00 Uhr.

Genießen Sie auch unsere weiteren exklusiven Bildbände

Begleiten Sie *Heinz Horrmann* auf seinen erlebnisreichen Reisen an Bord der Königinnen der Weltmeere. Entdecken Sie die außergewöhnlichsten Destinationen vom Polarkreis über den Amazonas bis zur Südsee. Erleben Sie Windjammer-Nostalgie auf historischen Großseglern und Romantik wie zu Mark Twains Zeiten auf den Flußkreuzfahrten des Mississippi.

Heinz Horrmann
Kreuzfahrt-Träume
Leineneinband mit Goldprägung
23,5 x 32,0 cm, 228 Seiten
98,– DM

Landpartie
Leineneinband mit Goldprägung
23,5 x 25,5 cm, 216 Seiten
78,– DM

Dieser unterhaltsame Bildband entführt Sie zu 50 der schönsten Hotels in Deutschland, England, Frankreich und Mallorca. Für alle, die auf der Suche sind nach den Geheimtips, wo man für ein paar Tage dem Alltagsstreß entfliehen und sich, umgeben vom schönsten *country style,* rundherum verwöhnen lassen kann, ist dies ein unverzichtbarer Wegweiser.

Die HIDEAWAYS-Bildbände machen Lust, auf luxuriöse Entdeckungsreise zu gehen. Sie präsentieren die schönsten Hotels der Welt mit faszinierenden Fotos.

Band I

Malediven, Südafrika, Bali, Karibik.
Leineneinband
mit Goldprägung
23,5 x 32 cm,
248 Seiten, 98,– DM

Band II

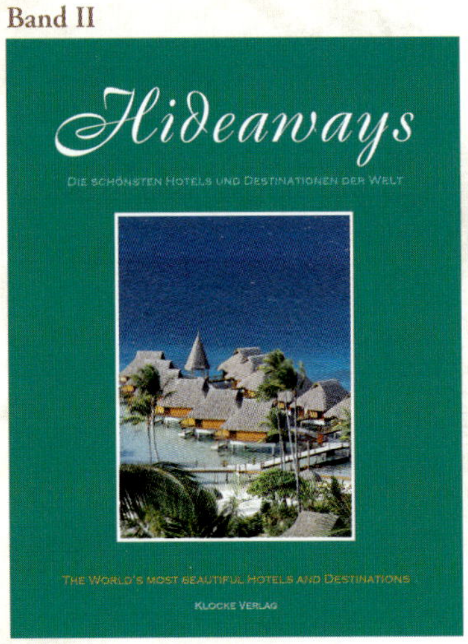

Südsee, Neuseeland, Kalifornien, Mexiko, Oman.
Leineneinband
mit Goldprägung
23,5 x 32 cm,
240 Seiten, 98,– DM

Band III

Karibik, Australien, Indien, Südafrika, Mallorca.
Leineneinband
mit Goldprägung
23,5 x 32 cm,
240 Seiten, 98,– DM

Jetzt verschenken!

Der neueste *Hideaways* Bildband ist ein exklusives Geschenk für Genießer. Die faszinierenden Portraits der schönsten Hotels und Destinationen der Welt laden zu genußvollen Träumereien ein.
98,– DM (inkl. Versandkosten)

Bitte frei- machen

Antwort

Leserservice
Klocke Verlag GmbH
Höfeweg 62 a

D-33619 Bielefeld

Jetzt verschenken!

Genießen Sie eine Landpartie zu fünfzig der schönsten Hotels in Deutschland, England, Frankreich und auf Mallorca. Wir präsentieren Ihnen Geheimtips, wo Sie sich umgeben vom schönsten *country style* rundherum verwöhnen lassen können.
78,– DM (inkl. Versandkosten)

Bitte frei- machen

Antwort

Leserservice
Klocke Verlag GmbH
Höfeweg 62 a

D-33619 Bielefeld

❑ Hiermit bestelle ich _______ Exemplare des exklusiven Bildbandes *Hideaways* – Die schönsten Hotels der Welt, **Band 1** (248 Seiten, Leineneinband), zum Preis von 98,– DM (inkl. Versandkosten).

❑ Hiermit bestelle ich _______ Exemplare des exklusiven Bildbandes *Hideaways* – Die schönsten Hotels der Welt, **Band 2** (240 Seiten, Leineneinband), zum Preis von 98,– DM (inkl. Versandkosten).

❑ Hiermit bestelle ich _______ Exemplare des exklusiven Bildbandes *Hideaways* – Die schönsten Hotels der Welt, **Band 3** (240 Seiten, Leineneinband), zum Preis von 98,– DM (inkl. Versandkosten).

❑ Hiermit bestelle ich _______ Exemplare des exklusiven Bildbandes KREUZFAHRT-TRÄUME – An Bord der Königinnen der Weltmeere (228 Seiten, Leineneinband) zum Preis von 98,– DM (inkl. Versandkosten).

❑ Hiermit bestelle ich _______ Exemplare des exklusiven Bildbandes *Landpartie* – Die schönsten Hotels im *country style* (216 Seiten, Leineneinband) zum Preis von 78,– DM (inkl. Versandkosten).

❑ Hiermit bestelle ich _______ Exemplare des exklusiven Bildbandes STERNSTUNDEN – Die besten Restaurants in Europa (216 Seiten, Leineneinband) zum Preis von 98,– DM (inkl. Versandkosten).

❑ Ich zahle bequem durch Bankabbuchung

Konto: ______________________ BLZ ______________________

Geldinstitut: ______________________

❑ Gegen Rechnung. Bitte Rechnungsstellung abwarten.

Name / Vorname: ______________________

Straße / Nummer: ______________________

PLZ / Wohnort: ______________________

Datum / Unterschrift: ______________________

❑ Hiermit bestelle ich _______ Exemplare des exklusiven Bildbandes *Hideaways* – Die schönsten Hotels der Welt, **Band 1** (248 Seiten, Leineneinband), zum Preis von 98,– DM (inkl. Versandkosten).

❑ Hiermit bestelle ich _______ Exemplare des exklusiven Bildbandes *Hideaways* – Die schönsten Hotels der Welt, **Band 2** (240 Seiten, Leineneinband), zum Preis von 98,– DM (inkl. Versandkosten).

❑ Hiermit bestelle ich _______ Exemplare des exklusiven Bildbandes *Hideaways* – Die schönsten Hotels der Welt, **Band 3** (240 Seiten, Leineneinband), zum Preis von 98,– DM (inkl. Versandkosten).

❑ Hiermit bestelle ich _______ Exemplare des exklusiven Bildbandes KREUZFAHRT-TRÄUME – An Bord der Königinnen der Weltmeere (228 Seiten, Leineneinband) zum Preis von 98,– DM (inkl. Versandkosten).

❑ Hiermit bestelle ich _______ Exemplare des exklusiven Bildbandes *Landpartie* – Die schönsten Hotels im *country style* (216 Seiten, Leineneinband) zum Preis von 78,– DM (inkl. Versandkosten).

❑ Hiermit bestelle ich _______ Exemplare des exklusiven Bildbandes STERNSTUNDEN – Die besten Restaurants in Europa (216 Seiten, Leineneinband) zum Preis von 98,– DM (inkl. Versandkosten).

❑ Ich zahle bequem durch Bankabbuchung

Konto: ______________________ BLZ ______________________

Geldinstitut: ______________________

❑ Gegen Rechnung. Bitte Rechnungsstellung abwarten.

Name / Vorname: ______________________

Straße / Nummer: ______________________

PLZ / Wohnort: ______________________

Datum / Unterschrift: ______________________